小 著 野

自律力

你有多自律，就有多自由

北京联合出版公司

你有多自律，就有多自由。

自律，
为了遇见更好的自己

我们如何才能成为心中那个完美的自己？

我们每个人都对未来存有非常美好的幻想，对于未来，你可能希望拥有值得付出的事业、值得信赖的爱人，也可能希望拥有自由支配的时间、跨越困难的勇气。只要你对未来有希冀，那在通往未来的这条路上，你不可或缺的品质之一，就是自律。

自律的前提，是你对未来的自己有期待，你想要成为更好的自己。自律的条件，是你需要有所舍弃，舍弃那些无谓的欲望，那些虚华的物质。但自律的美好，也是源于你的舍弃所换取的所得，得到不断精进且充实的人生。

我是自律的受益者，并且也一直在自律的路

上继续前行。自律带给我的改变很多，它让我变得更加平和　不再成为情绪的奴隶；它让我更加专注，懂得如何提高工作的效率；它让我变得更加幸运，让我明白付出的时间终会有所回赠。为了想要影响更多的人，我打算将自己对于自律的生活感悟集结成书，希望也能帮你成为更好的自己。

在这本书里，我试着从多个角度来表述我对自律的理解。当我们面对欲望、情感、困境时，我们应该如何用自律去直面这些困惑；当时间需要规划、习惯需要养成时，我们应该如何用自律将这些心愿达成；持之以恒的自律，这份坚持的意义又将是什么？我将我对自律的思考，全部都融入了这本书里，希望它也能够带去一份思考、一份行动、一次值得付出的阅读之旅。

坚持自律，命运会给予我们应有的眷顾；坚持自律，生活会回馈给你应有的精致；坚持自律，物质的丰盈、精神的富足统统都会向你走来。努力就好，剩下的交给时间。

小野

2017 年 5 月

自律力

01

你有多自律，就有多自由

02

自律的人生，你总会直面的

03

自由的人生，你需要整理的

04

精进的人生，你要持之以恒的

CONTENTS
目录

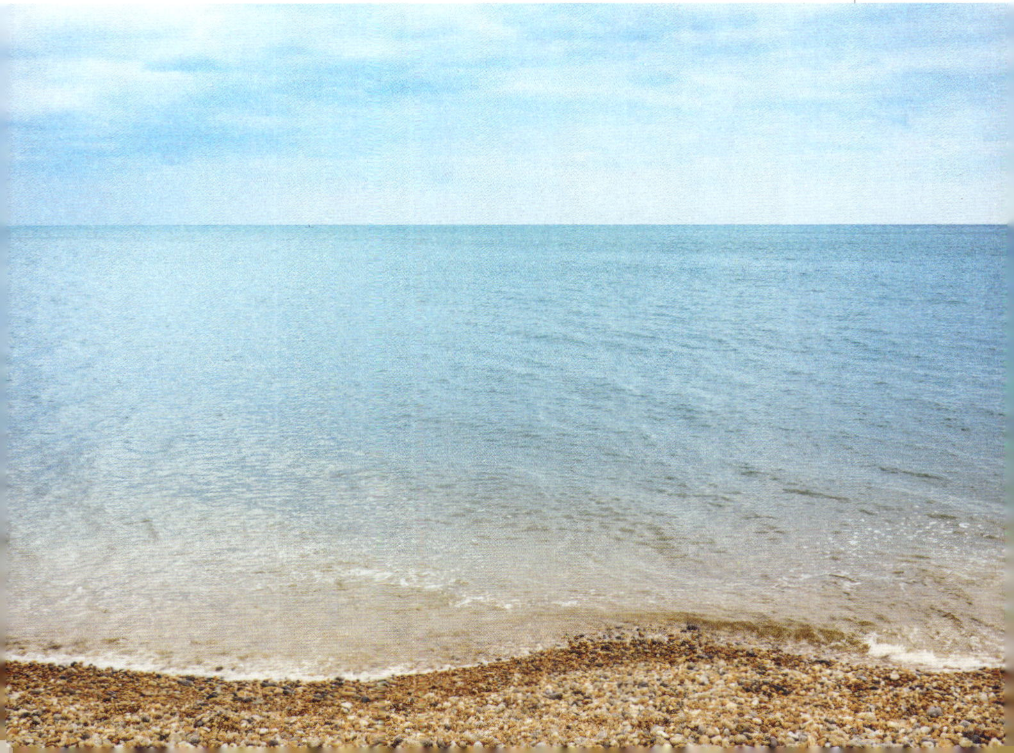

你有多自律，
就有多自由

生活的自由
不仅仅是要追求物质的丰盈
还应包括
慢慢变好，拥有更多选择权的自己

「如何过一天，
　就如何过一生」

　　世界上最难的事情，不是买彩票中五百万，而是日复一日地坚持一些见效极慢、执行起来极苦的优良习惯。

　　任谁都知道努力工作、坚持锻炼是很累人的事情，躺在家里、止步不前、吃吃喝喝、幻想未来是最舒服的。但是你终将打开家门，走出封闭的自我，独立面对人世间的跌宕坎坷，在滚滚红尘里身披铠甲单枪匹马地战斗。社会不会留有太多时间让你缓慢成长，它只会裹挟着所有人踽踽前行。

　　优秀的人，往往早就清晰地认识了这一点，将自律

变成了一种习惯。正是这种根植于肢体与大脑的无意识的习惯，将其他混沌度日的人远远甩在了身后。

我认识一位优秀的作者，他从小到大都就读于名校，毕业之后在知名律所就职，后在大型国企任法务。尽管每天的工作已经十分劳累，但他还坚持在下班之后写作、在微信群进行各种英语知识和技巧分享。

随着对他了解的加深，我还发现他博览群书，出口成章，有着很好的文化知识底蕴。我知道这一切并非一朝一夕就能够拥有的，这应该是他长久以来不断充实自我所收获的成果。他选择将每天的生活过得有意义，那么他就值得拥有优渥的薪酬和高品质的生活。

他从不抱怨生活，遇到难题也只是温文儒雅地说一句："我最近遇到了一些问题，不过没关系，我可以解决。"很多年轻的作者写文章都喜欢敷衍了事，但他选择认真对待每一篇文章。他都会选择精心架构，经过再三思量确认无误之后，才会将完整流畅的作品发表出来，谦虚地说希望大家多多指点。

他对每一天都充满了期许，他会尽其所能做好每一件事，不给明天留问题，不给将来攒麻烦。在他身上，我们仿佛看到了一股神奇的能量，这种能量会让他比我们普通人更容易达成目标，也更容易成功。

　　今日事，今日毕；明日愁，明日忧。良好的心态和习惯会牵引着拥有这股神奇能量的人成为更好的自己。

　　生活中也会有一些人，选择将每一天安静平淡地度过。当然，这也是人生的一种选择，只是这种选择会让未来缺少很多的可能性。生活中也会有一些人，选择将每一天的生活过得混沌不堪，他们寻求"今朝有酒今朝醉"的快乐。这样的生活方式，就像我们透支信用卡一样，只不过这样透支的是未来的幸福感罢了。

　　我有一个同事，今年已经三十多岁了。他喜欢抱怨工作、喜欢质疑领导、喜欢教育新来的实习生，但他自己却固步自封，将自己的成长发展依旧维持在原地。他来公司已经六七年了，但还在重复之前的工作内容。他严格要求实习生，却唯独对自己宽容。公司要求的上班时间是八点半，但他从未准时出现过，他常常十一点之后，甚至下午两点之后才出现。

白天睡到天昏地暗，夜里失眠睡不着，颠倒的作息使他看上去比同龄人老了许多。迟到带来的一系列工作上的负面影响，则让他心情更糟糕。领导和同事们也对他早有成见，他看不到事业的进展，于是开始迷恋打游戏。由于他将精力过分地投入到游戏上，多年的女友经常为此与他发生争吵，最终毅然决然地离开了他。

拖延于事无补，抱怨只会加重生活的烦恼。如果他不改变自己的作息习惯，改变自己的心态，调整自己生活和工作的目标，可想而知，未来馈赠给他的，将会是一份怎样的"礼物"？

请千万不要在人生还未全部展开之时，就先被自己设下的坎儿拦住了前进的脚步。

过不好一天，过不好一个月，过不好一年，最终，我们想要的生活会和我们挥手再见，渐行渐远。时间对每一个人而言，都是公平的，我们每人每天都拥有 24 小时，这每个 24 小时串联起来就是我们的一生。对身体不负责，就会昼夜颠倒神经衰弱；对工作不负责，就会潦草结束任务，升迁无望；对感情不负责，就会任由游戏占据本该陪伴恋人的时间，最终分道扬镳；如果我们选择自律，那么这就是对自己负责，对工作负责，对恋人和家人负责。

李笑来曾说，七年就是一辈子。如果我们以七年为一个时间段去计算我们的人生，那我们每个"下辈子"就是对"上辈子"的检验。如果你选择在"上辈子"死磕、自律、努力，那你的"下辈子"的起点就会比别人高出好多；如果你选择在"上辈子"晃荡度日、得过且过，那你"下辈子"的起点会与"上辈子"没有太大差异。每一个未来都是对过去生活的检验，每一个现在都将成为不可逆转的过去；未来过得怎样，都取决于现在怎样状态的你。

著名心理学医生斯科特·派克在《少有人走的路》中写道：

所谓自律，就是以积极而主动的态度，去解决人生痛苦的重要原则，主动包括四个方面：推迟满足感、承

我们都希望拥有娴静恬淡的生活，
但前提是我们已经有了能够拥有它的资本。

担责任、尊重事实、保持平衡。

想要比平凡的大多数人有更多收获和成就，就必须做到常人做不到的事情。从细微处入手，日复一日，积少成多，由量变默默积攒。几年之后再回头看，你会发现整个人已经产生了质的变化，优秀已经潜移默化地成为你的品质，成为一种自发的、无意识的行为，让你受益终生。

这种品质会让你成为值得信赖的人，朋友或同事会放心地把事情托付给你，这种信赖感是金钱买不来的。这种品质也会让你的身体和灵魂愈发丰盛，眼神和步伐更加坚定。生活不会给我们一步到位的完美，我们能做的就是将不完美的生活慢慢完善。完善生活，就先从完善自己开始吧。

绳锯木断，水滴石穿。

日复一日地把那些会让你更美好的小习惯执行下去，相信我，时间会馈赠独属于你的美好。

弱者拒绝变化，
强者不畏动荡

"生活并不会遵从某个人的愿望发展。改变随时有可能降临，但积极地面对改变却会让你发现更好的奶酪。塞翁失马，焉知非福。"

这是斯宾塞·约翰逊在他的著作《谁动了我的奶酪》中写到的句子。我们要知道生活本来就是无常的，无论你哭天抢地怨天尤人，还是封闭自己否认现实，生活的变化都会如约而来，它不因个人的意愿而动摇。我们不能改变无常，我们能改变的只有对待无常的态度。

当变化来临时，我们应选择怎样的态度去面对？

我们可能会抱怨、会恐惧，甚至会声嘶力竭地哭吼，但这一切都不能阻止改变的发生。我们能做的就是收拾好情绪，接受这改变后的一切，然后尽力去寻找解决问题的办法。

我有一个朋友，她因为高考失利，所以并未如愿进入她理想的重点大学。她也曾为此懊悔不已，但她最终选择了积极面对。在进入大学以后，她主动搜集信息，咨询老师。在知道了自己所学专业的就业情况之后，她从大一就开始规划自己的职业生涯，并制订极其严格的学习计划，一步步笃定地实现它。

她不娇气，肯吃苦，以高标准严格要求自己。为了考到一个全世界只有六千多人能考过的证书，她提前一年开始准备。报培训班、查参考书、泡图书馆、每天熬夜，在考试前一个月甚至每天只睡一两个小时。最终，她顺利通过了考试，获得了那个证书，也因为这个证书，她刚毕业就找到了年薪二十万的工作。

人生总有许多难以预料的事情发生，逃避解决不了任何问题。不管你内心怎样纠结痛苦，只要你不去面对，不拿出行动，那些问题就会周而复始地出现在生活中的每一个角落。胖子不运动就会永远胖下去，学习不好的人不努力就会永远成绩差，能力不足的职场新人如果不主动适应环境和提升，就永远得不到晋升。

我们之所以会拒绝变化，是因为我们希望享受安定，害怕失去舒适。但这样的舒适，可能是生活为我们铺设的一个温柔陷阱。

我有一个校友，日语系毕业，顺理成章考过 N1，但她却是一个拒绝变化的人。由于怕吃苦，毕业之后，她放弃了继续深造，放弃了日语相关行业，也干脆放弃了寻找薪资待遇更好的工作。只是经人介绍，进入了一家小公司做淘宝客服，每个月拿着不足三千块的薪水，浑浑噩噩地度过了两年。等到她想跳出来的时候，已经把日语忘得差不多了。用她的话来说，就是"觉得自己整个人都废掉了，什么都不会做。"

后来，她愈发自甘堕落，工作越来越敷衍。想要改变，却已经没有了改变的能力和勇气，最终选择了安于现状。她本可以拥有更好的生活，但是由于怕吃苦，怕经历动荡和挑战，放弃了自己的优势，放弃了自己的选择权。她把一切都交给了命运做主，只知道被动接受，不明白主动争取，到头来反而吃了比旁人更多的苦。她总用"小确幸"来掩饰自己的不上进，像鸵鸟一样拒绝接受生活和工作上的风波，等到她无处可躲的时候，才发现自己早已丢盔弃甲，溃不成军。

弱者拒绝变化，他们总以为奶酪还足够，因此安于现状，不思进取，坐吃山空。强者是不畏惧变化的，他们甚至会主动改变，积极寻找新的奶酪。

主动寻求变化的人，是生活中的少数。他们能够狠下心逼迫自己走出舒适区，并持续提高待在舒适区外面的能力。他们能在凌晨五六点从温暖舒适的被窝里爬起来晨跑，工作趋于平稳时参加一些技能提升的培训课程，对工作状态和内容提出更高的要求，把每一项任务都做到极致，连业余爱好都能媲美专业水准。

生活中，主动寻求变化的少数人，往往会被那些墨守成规的大多数人质疑和嘲讽。大学里，晨读背单词的人会被每天睡懒觉的人嘲讽。认真听课记笔记的人，会被翘课贪玩的人不屑。就连坚持去上晚自习，都会被说成装腔作势。任毕业之后，正是这些被质疑和嘲讽的人，拿到了含金量极高的各种证书以及令人眼红的 offer，进入了人人羡慕的企业。

在旁人看来，他们拥有源源不绝的资源，令人艳羡的运气，却不知道，背后的本质原因，在于他们自律。**他们要求自己积极主动地面对一切动荡，积极地去寻求人生的改变，不逃避，不拖延。**

有人可能还是会固执地选择逃避，以为逃避了就万事大吉。事情真的是这样吗？显然不是，同样的问题还是会发生，你们终将会再次遇见。只不过这种遇见，会换一种方式呈现罢了，你能躲一次，但你能躲一生吗？既然终不会避免，那我们就选择直面吧。直面以后，也许你会发现，困难并没有你想象得那么难，你也并没有自己想象得那么脆弱。真正跨越过后，你可能会淡淡地对困难说一句："原来，你也不过如此。"

世界其实远比你想象得要公平。一分耕耘虽不一定有一分收获，但好吃懒做一定会颗粒无收。没有什么一

● ● 世界远比你想象得要公平。一分耕耘虽不一定
有一分收获，但好吃懒做一定会颗粒无收。

夜之间基因突变，不用费力就能走上人生巅峰的好事。只有不断主动改变自己甚至改变环境，才能使自己在不知不觉中蜕变升级。

弱者拒绝变化，拒绝风险，同时也拒绝了升级改版的可能性。强者懂得自律的意义，懂得主动逃离舒适区。所有改变的过程必然是痛苦的，但这都是蜕变的代价。改变是短痛，固步自封是长痛。谁不是咬碎了牙和着血往肚子里吞，只有在经历百般纠结与痛苦之后，才能站在万人中只享受艳羡的目光。

玉不琢不成器，无所畏惧地雕琢自己，你才有可能活成理想中的模样。

自爱的人，
才能保持自律的心

　　王菲在《给自己的情书》中唱道："自己都不爱，怎么相爱，怎么可给爱人好处？"

　　生活中，我们常常会发现，越是优秀的人，往往越是懂得爱自己，将自己的生活和工作都照顾得非常好。他们每天都能六七点钟就按时起床，然后梳洗打扮，化上精致的妆容，神采奕奕地迎接新的一天。**他们对生活总有各种新计划，想方设法地让自己过得更好。**

　　这个看脸的世界其实再公平不过了，一个人是否自爱，是否自律，从脸上就能一眼看出来。不自爱的人，照顾不好自己的生活，昼夜颠倒，作息极不规律，总是带着浓浓的黑眼圈和垢面油头出现在你面前，萎靡不振地同你抱怨生活的种种挫折和坎坷。理所当然地，他们身上总围绕着满满的负能量。由于处事太过消极颓废，习惯用悲观的眼光看问题，很容易就会陷入"消极抱怨——抵触——不作为——境况更糟糕——更加消极抱怨"的恶性循环里。

幸运总是更青睐于自爱的人，和自爱的人相处，感觉如沐春风，仿佛一切难题都可以按部就班地被顺利解决。相较之下，不自爱的人，会习惯性地拖延和抱怨，把一项很简单的任务变得格外复杂。因此在职场上，自爱的人总是能够顺利升迁，不自爱的人则大多原地踏步毫无进展。**生活和事业是相通的，决定一个人生活质量和事业进展的本质因素，在于他是否自爱，是否自律。**

我的父亲就是一个懂得自爱的人。年轻时，他营养不良，身体太过消瘦，经常生病。为了让体质变好，他坚持每天清晨五点钟起床锻炼，举重、跑步、增肥，日复一日，闻鸡起舞，终于练出一身肌肉，自此很少再生病。他从事的工作不可避免地要经常和有毒、有害气体接触，所以他严格自律，从不抽烟，在他的朋友们递烟时，他会坚定地拒绝，将肺部的损伤减少到最小。偶有失眠，就会打开一本书来看，几十年都是如此。回想起来，他这大半辈子都没有沾染过什么不良嗜好。

他言传身教地让我领会到自律的意义。在他的影响下，我很小就开始坚持练字，因而现在能写得一手人人羡慕的好字。大学时坚持每天读英语、做习题，非英语专业也有幸考过了专八。去年下半年开始，每天坚持码字，最少日更两千，从一个默默无闻的小透明，变成如今能靠纯写作收入养活自己的作者。对身材不满意，就每天六点起床跑步，寒冬腊月，风雪无阻，坚持了四个月后，成功减掉了十斤体重。**我是自爱自律的受益者，故而希望影响到更多人。爱自己，控制自己，追寻更好的自己。**

我们无法控制未来是富裕还是贫穷，无法控制事业什么时候会有进展，无法控制身边的人对自己的评价。但是最起码，我们可以控制自己的身体，将身体维持在最佳状态。三十岁之前，面容和身材是父母给的，三十岁之后，则需要凭借自爱和自律，才能使身材不走形，皮肤不松弛。那些熬过的夜，吃过的垃圾食品，最终都会事无巨细地反映在你的身体上。

《恶作剧之吻》里饰演女主角袁湘琴的演员林依晨，前段时间开了直播。令人吃惊的是，35岁的她和当年在电视剧里的容颜相比，竟然没有区别，镜头里的她，只是简单地画了眼线，皮肤紧致白皙，眼角无一丝细纹。岁月好像绕开了她，饶过了她，让她永驻十八岁俏皮可爱的容颜。然而，你我都该知道一个道理：所有光鲜亮丽的背后，都有其背后不为人知的种种付出。林依晨在直播中聊到她保养的方法：均衡饮食，发泄压力，一定要睡饱。

这三点看起来很简单，但能数十年如一日地践行下来，却非常难。现代人面临着各种大大小小的饭局和美食诱惑。喜欢的食物不能多吃，不喜欢的食物也得吃，还要严格控制进食量，这并不简单。林依晨不拍戏的时候，每天十点以前睡觉，五点起床，比老年人还懂得养生。而现在很多年轻人习惯于每天晚上刷微博、刷朋友圈、刷各种资讯，唯独就是不睡觉。晚上熬到两三点，第二天赖床到十一二点，不吃早饭，精神涣散，长此以

●● 和自爱的人相处，感觉如沐春风，仿佛一切难题都可以按部就班地被顺利解决。

●● 每一次蜕变，都意味着你摒弃了一个差的自己，朝着更好的方向又迈进了一步。

往，危害渐显。细纹、黑眼圈以及掩盖不住的疲态都会如约而至。

良好的生活习惯会带进你的工作中，使事业也能够得心应手地进行下去。林依晨的八色剧本已成为业内标杆，她对自己近乎严苛的自律甚至令导演都有压力。一个拍戏时六点半就能爬起来煮饭吃的演员，一个将生活和感情都照顾得极其妥帖的演员，才有能力用同样的态度和方法冷演艺事业进行得更顺利。

糟糕的作息习惯，长期的饮食不规律，会缓慢地毁掉一个人的精气神，进而损毁他的斗志。那些被不良作息报复而生长的皱纹和痘痘，以及对内脏的损伤，是多么昂贵的护肤品和保健品都换不回来的。爱自己，不是放纵自己为所欲为，不是自由散漫只图舒坦。瘫在沙发上吃零食，熬夜追剧，这种舒坦来得太简单了，然而这就是你真正想追求的吗？爱自己，最起码要做到的，就是好好吃饭、好好睡觉。

只有爱自己，才是获得生活其他可能性的基础。只有爱自己，我们才能有一个好的身体去打拼事业；只有爱自己，我们才有底气去呵护和爱惜我们珍视的人；只有爱自己，我们才能在前进的道路上，不断增进我们的智慧。只有学会好好爱自己，我们才有资格去欣赏世界、拥抱世界和改变世界。

当你终于学会爱惜自己的身体，不再做那些明知对自己有害的事情，不再用负面的情绪折磨自己时，你就会发现，你的人生进入了新的纪元。每一次蜕变，都意味着你摒弃了一个差的自己，朝着更好的方向又迈进了一步。唯有自爱，才能将人从一切黑暗中拯救出来，自爱的人，才能保持自律的心。自律的人，才能拥有更多可能性，更幸运的人生。

幸福与运气的背后，是看不见的自律

电影《霸王别姬》里的一句台词，我记忆尤深："人，得自个儿成全自个儿。"旁人都只顾着看感情戏，看"一辈子就是一辈子，少了一年，一个月，一天，一个时辰，都不是一辈子"，而我却注意到了程蝶衣是如何成为京剧名角，在那个战乱落后的年代，表演让日本人都佩服的艺术。他幼年被母亲送给了唱戏的师傅，每天被抽着打着练基本功，师傅的要求近乎严酷，一句"我本是女娇娥，又不是男儿郎"，让他被烟斗搅得满嘴是血。经过一步步的严苛磨炼，他终于站在了万人艳羡的舞台中央。

不仅是戏里身姿袅娜的程蝶衣，戏外的张国荣更是把努力刻在了骨子里。陈凯歌导演说，张国荣是极其用功之人，《霸王别姬》开拍时，张国荣在北京生活了六个月，专心学习京剧。由于张国荣的极度敬业以及优秀的表现，以致陈凯歌为《霸王别姬》准备的京剧替身演员没有用上。剧组的演员们对张国荣佩服之极，会开玩笑说："你可真是个妖精。"

程蝶衣戒烟的那一段，是电影里特别令人印象深刻的一个镜头。这个镜头拍第一遍时，导演已经满意了，但是张国荣又要求重拍了几次，直到碎玻璃把手指削去一块肉，他才觉得这场戏的感觉到位了。他拍戏从来都是按时到场，从不耽搁别人的时间，也从不使用替身。拍完《霸王别姬》，他整个人的仪态都变成了程蝶衣的样子。这部电影是我国第一部获得戛纳电影节"金棕榈奖"的作品，也让更多影迷记住了张国荣这个名字。

即便张国荣如此努力，他也是在出道十年后才崭露头角。他被整个影坛所尊敬，可谓是一代巨星，是千千万万人的偶像。他的影迷朋友们每年都会自发纪念张国荣，他能被许多人记挂，不仅仅是因为他的人品，还有他的努力和自律。没有人能够随随便便就站在众人

瞩目的位置，所有星光璀璨的背后，都有日复一日不为
人知的努力。

**努力的人总会把自己的成功归功于运气。有一句话
说，命是弱者借口，运乃强者谦辞。**这句话把成功背后
的真理刻画得入木三分。要想人前显贵，必须在人后受
罪。很多眼红别人成功的普通人，总会暗戳戳地想："他
不过就是比我运气好那么一点，我也可以的。"他们只看
到了成功的人和自己相似的地方，却没有看到他们成功
的背后经历了怎样的磨炼。

谈到敬业，还有一个演员不得不提，那就是张震。
曾经有这样一条微博，内容是："我们都太小瞧张震这个
演员了。拍《赤壁》，为演孙权他熟读三国；拍《建党伟
业》，他又把民国史熟记于心；拍《深海寻人》，他考到
了 PADI 潜水执照；拍《吴清源》，他的围棋已能压制专
业三段；《一代宗师》杀青，他拿了全国八极拳冠军；《聂
隐娘》拍完，他学会了近身剑术……人类已经无法阻止
张震了。"

接拍电影《一代宗师》后，张震去拜师学艺，他花

了三年时间练习八极拳，并且获得了全国大赛一等奖。尽管在电影中他的戏份并不多，武术的镜头也并没有体现出来，但是他的认真与执着足以被影迷铭记和赞扬。这个演员从十五岁就表现出在演戏上的天赋，却依然在接下来的演艺生涯中不断地锻造自己，锤炼更出色的演技。他每部戏都会提前准备，并且把最佳状态呈现在电影里。他不像明星一样为大众所知，但真正喜欢电影的观众，没有不认识张震的。他的职业是演员，他对得起自己的职业。

大阪电影节最佳男主角，亚洲电影大奖最佳男主角，四次台湾"金马奖"提名，三次香港"金像奖"提名……这些令人瞩目的奖项，绝不仅仅是因为幸运而被斩获，而是实至名归。**努力了，哪怕旁人看不见，但时间是看得见的。那些默默积攒的时光，看似暗淡，却总有光芒乍现的那一天。**

据说在我国东部有一种竹子，四年只生长三厘米。但是在第五年之后，就开始疯狂生长，因为在之前的四年里，竹子的根系在土壤里延伸扎根。一个人努力的过程，严格自律的过程，就像是竹子在扎根一样，或许一开始从表面看不出有什么区别，但是日积月累，就会产生从量变到质变的飞跃。**在默默扎根的岁月里，你不是一无所获，只要耐心坚持，养得深根，命运自会补偿给你应有的馈赠。**

　　我认识一个作者，还未大学毕业就已经小有名气，自媒体运营得有声有色，并且出版了自己的第一本书。很多新人作者都羡慕他运气好，羡慕他的粉丝那么支持他，羡慕他能够出书，但是没有人知道，他的年少有成背后付出了多少努力。他未成名时，在某网站上更新小说，一天八千字的输出，坚持一两年，把他的文笔磨砺得极为熟练。后来他不写网文，转型写新媒体文章，一篇两千多字的文章轻轻松松信手拈来。他原本就在文字上颇有天赋，后天又肯努力付出，出名也是水到渠成的事。我不信这样的人不会成功，他们的成功只是时间早晚的问题。

　　幸福和运气的背后，是别人看不见的努力。平常读名人传记的过程中，我发现那些成功的人背后都有共性，就是不可否认的实力。这实力都来源于自身的努力，或者是少年时期家长逼迫学习技能，或者是青年时期幡然

● ● 我们只看到了他人表面的成功，
　　却没有看到他人背后的付出。

醒悟想改变命运。前几天在知乎上看到一个回答:"**最后悔没有早点知道的道理是人学到的本事都是自己的，谁也抢不走。多学一门本事，就少说一句求人的话。**"我希望更多人能尽早明白这个道理，现在的努力都是在为以后铺路，以免以后遇到问题手足无措求助无门。

有一个时间管理专家曾经说过，一个人每天都应该有两三个小时是完全空出来留给自己去投资未来、提升能力的。这两三个小时，应该避免玩手机、看电视、看电影等这些消费时间的行为，我们应当专心投入于自己想学习的那些内容，或是一门语言，或是一本工具书……别人看不到的你所有的努力，在日后都会成为你幸运的基石;你埋下的种子会在将来某个不经意的时刻，送给你意外的惊喜。

「不知道想要什么，
就永远不会改变」

北大才女 CEO 刘楠在一档网络综艺节目上，说了这样一段发人深省的话：

"我加入外企之后，特别不快乐。天天做 PPT，做汇报，什么事都做不了，这带给我一种很强烈的恐慌感。早上，我会化一个精致的小妆，穿上高跟鞋，拎起小包，进地铁。钻出地铁，就进了五星级酒店。拿着酒杯跟很大的大老板觥筹交错，去做所谓的 social，这种生活让我非常警惕。我感觉我好像在参与一些完全不属于我的生活，更可怕的是我竟然还有点享受，这样的感觉让我非常恐慌和害怕。"

后来，刘楠辞职创业，现如今她管理着拥有一千名员工的公司，市值过百亿。令人艳羡的工作不一定是你内心真正想从事的工作。**如果你心里构建了一个庞大的世界，最好现在就去实现它，将它践行到极致。**有些人内心渴望在职场浴血奋战，有些人渴望周游世界，有些人则希望回归锅碗瓢盆的生活，宜室宜家相夫教子。每个人都是不一样的，活在大众认可的标准里未必就幸福。万钟则不辨礼义而受之，万钟于我何加焉？

有时候，我们需要从繁杂的事务、浮华的生活中跳出来，以一种冷眼旁观者的姿态来审视自己的生活，问问自己："你想要的究竟是什么？"人世间最悲哀的事情，就是成千上万的人，终其一生，都在从事着不热爱的工作，和一群不相投的人共事，与一个不爱的人共度一生。当清醒的灵魂向他们提出质问的时候，他们却敷衍道："人生就是这样，不如意之事十之八九。"

诚然，人生是充斥着种种不如意，但这些不如意并不是你不努力的借口，所有的难题都是为了被克服而存在，一切困难在设置时就已经有了答案，你只需要打怪升级就足够了。一个人一辈子都蜷缩在那个安逸但不如意的圈子里止步不前，这样的生命是否太过暗淡无奇？人之所以区别于动物和植物，就在于人的主观能动性。**想要活得有意义，就该去做自己想做的事情。不知道自己想要什么的人，无疑是可怜的，被动接受命运的给予，是一种很无趣的生活方式。**

我有一个发小，从小一起玩到大，上学时成绩也不相上下。本科毕业之后，她想去深圳发展，那里有一份她特别向往的工作。但是她的父母劝说她，女孩子迟早要嫁人的，没必要漂得那么远，吃那么多苦，更何况家里条件不错，也不指望她赚钱。在父母的强烈反对下，她放弃了去深圳的想法，在一家创业公司找了一份文秘的工作。转眼两年过去了，创业公司发展得并不好，三四个月才发一次工资，每天都加班，几乎没有休假，工资也并不高。

她日常的工作就只是管理文件、票据，寄送东西，做做表格文档，学不到什么东西。再加上拖欠工资，她都毕业两年了，却还时常需要父母接济。我问过她，为什么不离开。她说："走了之后我也不知道能去哪儿，不知道自己还能干什么，还不如在这儿，还能稳定一点。"

恕我直言，这样的工作，继续做下去，只会让人废掉，几年之后你会发现自己早就和社会脱节，更加没有选择的余地。

一个人倘若不知道自己想要什么，就永远不会有所改变。他的人生将会陷在一个非常闭塞的境况里难以自拔。我们从小接受学校为我们设置好的知识教育，但没有任何课本、任何老师能教你你想要什么。**没有人能够代替你活着，能决定你人生的只有你自己。**那些强行干涉你人生选择的人，最终并不会为你的下半生幸福与否负责。他们只是单纯地习惯指手画脚罢了，你的每一项选择，无论结果好坏，都是直接由自己来承受的。

日本动画电影《你的名字》上映之后，狂揽 2.81 亿美元，折合人民币 19.22 亿。因为这部电影，吃瓜群众才发现新海诚是一个隐形的富二代，他是日本百年建筑公司新津组社长的亲儿子。新海诚可以说是现实版的关谷神奇，他明明可以轻轻松松享福，却选择了 hard 模式，另辟蹊径追求他的动漫世界。新津组在官网宣传《你的名字》，这如此简单的一个举动，却已经让无数观众脑补了一个画面，那就是一个傲娇的儿子为了追求自己的梦想，不顾家族的反对，咬牙坚持到最后，最终做出成绩被家族认可的奋斗史。

当你坚持自己想追求的事业，并且破釜沉舟为它呕心沥血，最终有所成就时，所有反对的声音都会烟消云散，甚至原来反对你的亲人也会以你为傲。你的人生不该交付给旁人决定，能够改变你命运的唯一英雄，就是你自己。

如果你工作只是单纯地为了赚钱，这也没什么羞于启齿的。喜欢钱就努力提升技能，去找薪酬更高的工作。如果你是一个理想主义者，那你做自己不喜欢的事情，哪怕待遇再好，公司氛围再和谐，你也不可能甘心留在那里。与其把时间耗在去与留的纠结里，不如早日解脱出去，追求自己真正痴迷的事业。一个喜欢折腾的人很难在养老院式的企业里长久待下去，而一个渴求稳定的人也不适合在奉行"狼文化"的公司待下去。

克里希那穆提在著作《重新认识你自己》里这样讲道：

想要活得有意义，就该去做自己想做的事情。

"你不能依赖任何人，事实上并没有向导，没有老师，也没有权威，只有靠你自己——你和他人，以及你和世界的关系——除此之外，一无所持。"

对自己有一个清醒的认知，才能朝着正确的方向出发。自我认知是自律的重要前提，你甚至都不清楚自己想要什么，在一条岔路上严格要求自己狂奔向前，只会南辕北辙，背离初心。想要人生焕发新的生机，你必须得停下来，认真思考清楚，什么才是你内心深处真正想要的。

因为想要照亮世界，
所以我想照亮自己

　　鲁迅先生说："愿中国青年都摆脱冷气，只是向上走，不必听自暴自弃者流的话。能做事的做事，能发声的发声。有一分热，发一分光。就令萤火一般，也可以在黑暗里发一点光，不必等候炬火。"

　　年轻人应该怀有改变世界的远大志向。哪怕凭借自己微薄的力量，一路奋战，只能获取微小的成就，也好过束手就擒，让世界改变我们，变成自己曾经最厌恶的那种人。

　　倘若每个年轻人都能够自行地野蛮生长，不被那些所谓的圆滑世故磨平了真实的自己，不同那些虚度光阴的人为伍，不沉溺在布满泥淖的深井里，那就是对这个世界最大的回赠。

我们总该有仰望星空的情怀，从陈旧腐朽黑暗中独立出来，笃定自己的观念和思想，尽力一搏。否则，连尝试都没有过，又有什么底气抱怨这个世界呢？

想让世界因为你有一点点的不一样，唯一的办法就是做好自己，将自己的光芒发挥到极致。二三十岁没必要去效仿厚黑学，一味收敛对成长于事无补。做人需要低调，但做事情务必要高调，永远超出旁人的预期，给别人眼前一亮的感觉。你获取了更多人的信赖与支持，就离你的预期更近了一层。

试图得到最公平的对待，更顺遂的生活，就得闷着头去钻研怎么把一件事做好。前一段时间，我受邀给某征文活动当评委。征文举办前需要放一篇范文，我提前写好了三篇，让主办方在其中挑选。征文奖项设置得比较多，我负责评选出其中的四个。在最终评选过程中，我顺手在每一个奖项的获奖人后面列出了两个备选人，以防同其他奖项的获奖人重复。这是我一直以来的习惯：为了避免后续麻烦，我常常会提前一步做好准备。征文结束后，主办方对我赞不绝口，说："你是一个很优秀的人。真的，我没想到你会做备选。"

其实多做备选只是举手之劳，却避免了后续发生重复评选的情况，减掉了再次沟通与返工的麻烦。但是我身边很少有人有这种习惯，且先不说做备选，很多人连日常重要文件的备份都懒得做。他们常常不做第二手准备，当隐患发生时，他们才追悔莫及。

我的领导常常会在临下班的时候突然交代要新写一篇文章，同事们听到后往往一片哀号，觉得加班是逃不掉了。然而这时候我总是能淡定地从存稿箱里翻出来一篇稿子，发给领导，拯救同事于水火之中，让大家都能够按时下班。每到自己的存货有用武之地的时候，我就会再一次坚定自己的信念：提前准备得越好，后续的麻烦就越少。当你觉得世界处处充满坎坷的时候，那只能说明你前期没有做到位。

很多朋友以及学弟学妹都曾问过我，怎么找工作。

我们总该有仰望星空的情怀，并为之尽力一搏。如果连尝试都没有，又有什么底气抱怨这个世界呢？

他们只羡慕我逢面必过，却看不到我在面试之前做的准备。我会在投递简历的时候顺手查一下公司的基本信息以及网络上的评价，这样就在前期避免了很多坑。最后决定要参加面试的公司，我都会提前搜索记录企业文化、公司地址、面试经验、笔试题等一切能搜到的信息，这样去面试的时候才会胸有成竹。

在旁人看来，我的求职面试好像顺利地开了挂一样，其实不然。我只是把功夫都提前做好了，不像其他人事到临头才急着抱佛脚，去面试时连公司全名都叫不出来，连最简单的三分钟英文自我介绍都背不顺溜。但凡用点心，你都会让面试者眼前一亮，对你多加留意。在有幸就业之后，更要懂得快速适应环境，去习得一些必备的技能。**职场不是大学，没有人会指着黑板一遍又一遍地教你，你只能凭借自己的努力，去赶上别人的步伐。**那时候你就会发现，所有的障碍都是自己设给自己的，越早跨过去就越早升职加薪。

越是无能的人，越会觉得全世界都在针对自己，觉得上天对自己太不公平。事实上，你的领导同事和你远日无怨，近日无仇，他们倘若对你有不满，如果不是因为性格不合，那么你就该反思自己身上是否有一些没做到位的地方。

不要觉得全世界都在欺负你，事实上，"全世界"也并不认识你是谁。

你遭受的一切都取决于你自己的态度和选择。如果你对身处的环境有种种不满，觉得它充斥着各种问题，那么你有两种选择，一是甩手走人，回避问题，任由它发展下去，换一个环境，但你要知道，在新环境遇见同样问题的可能性是非常大的。二是如果你非常珍惜和喜欢自己的工作，为什么不尝试通过自己的力量改变呢？没有一个岗位是完美的，只有和谐顺利，没有矛盾磨合的职业是不存在的。

去做一些具体的计划，列出一些有事实依据的分析，并且在小范围尝试落实一段时间，把结果反馈给领导，用数据来佐证自己的想法。有效果有利益的事情，谁会舍得拒绝呢？怕只怕你仅仅是纸上谈兵，除了负面情绪和消极抱怨之外，什么像样的依据都拿不出来，空口无凭夸夸而谈，这是不具备说服力的。

这个世界最实用的规则，也是最容易被年轻人利用的规则，就是"用结果说话"。

因为我们年轻，那些幼稚、莽撞和抱怨才会被年长的人所包容。但我们不可能永远年轻。迅速成长起来，独力扛起大旗，才是你最明智的选择。那个时候，你才有底气说一句，你活着是想要改变这个世界的。

收一收那些无用的情绪，前方还会有无数挫折和坎坷，越过它，它就会成为嘉奖你的勋章。越早明白这些道理，就越能安抚好那些天真幼稚的想法，握紧手心拥有的一切，云抓住更多筹码，拥有了这些筹码，才能运筹帷幄和这个世界谈谈。

自律的人生，
你总会直面的

学会控制
并不意味着牺牲
而是用短暂的放弃
去赢取更广阔的人生

欲望：
人生本来就是
奶酪和蛋糕不可兼得

　　《红楼梦》里写道："金满箱，银满箱，转眼乞丐人皆谤。正叹他人命不长，哪知自己归来丧！训有方，保不定日后做强梁；择膏粱，谁承望流落在烟花巷！因嫌纱帽小，致使锁枷扛；昨怜破袄寒，今嫌紫蟒长。乱哄哄，你方唱罢我登场，反认他乡是故乡。甚荒唐，到头来都是为他人作嫁衣裳。"

　　人生最难控制的是欲望，金银珠宝，香车美女，官爵权力，体面光鲜。这些东西总是如同乱花一般迷人眼，让你对内心最本真的想法模糊不清。但是钱哪有赚得尽的时候？权力哪有大到头的时候？年轻貌美的人那么多，哪能看得过来？

　　人的生命是如此短暂，精力又实在有限，从毕业之后，到退休之前，不过短短几十年光景。我们这一生能够到达的地方，能够欣赏的美景，能够经历的事情，能够拥抱到的人，都太难得。每一个十字路口的选择，将会串联起来，成为你的一生。这些选择都是非 A 即 B 的，你不可能什么都握在手里，选择了一样，另一样就不可避免会如流沙逝于掌心，终不可再得。

　　被欲望吞没的人，可能会得到一时的光鲜亮丽，一时的物质富裕，但是在短暂的狂欢过后，迎接他的将会是漫长的空虚与孤寂。成功的标准，应该是从每个个体自身出发，自己制订给自己的。活在别人制造的浮华假象里，用一个虚无缥缈的标准来左右短暂而珍贵的生命，这太可悲了。选择错了，做玉皇大帝都不会快乐。

　　美国船王哈利在教育自己的儿子时，不是耳提面命，而是将儿子带进了赌场。一开始他教育儿子每次赌到输了一半本金的时候就收手，儿子尝试了几次，每每因为不甘心，而输掉所有本金。几番尝试后才学会认输，及时撒手。熟悉赌场规则之后，儿子开始赢钱，这时哈利劝儿子收手。儿子不甘心，想要多赢一点，再多赢一点，结果局势却急转而下，输掉了所有钱。

经过几次训练，他终于可以做到将输赢都控制在百分之十以内，无论结果如何，都会及时收手。不被欲望掌控，就意味着控制住了人性中最贪婪的部分，不为情绪和感性左右，用理智冷静的态度去考量问题。有的时候，我们并不需要得到许多，只是我们误以为得到多了会比较幸福。大多数人的失败，不是因为自身技能缺失，而是因为控制不了自己的情绪和欲望。

控制欲望，不是意味着牺牲，而是为了获取，为了赢取更广阔的人生。

被欲望掌控，达到某个高度，还不算一无所获，彻底失败。怕就怕，欲望会害得你失去现有的一切，让你攀高之后狠狠坠下，无力东山再起。人类和动物的区别在于，人有能力控制自己的欲望。有能力控制而不控制，就很可能会反噬自身。

卸下一些不切实际的欲望，你才可能
更好地拥有这个世界的美好。

高利贷、非法集资、贪污受贿、潜规则、贩卖公司机密……这样的事情层出不穷。欲望太过强大，总有些人宁愿冒着坐牢枪毙、道德沦丧的风险，为利而活，为利而死。欲望带来的不劳而获的幻想，如同包装华丽的毒药一样，将好手好脚智力正常的年轻人废掉，毒死在事业的起跑线上。

谁都知道纸醉金迷的生活很享受，谁都知道坐享其成、不劳而获的状态很舒服，但是一旦被这种"舒服""享受"迷了心窍，将会后患无穷。在接下来的人生里，你再也不会有通过正当劳动和努力获得的成就感。适当保持苦行僧的状态，会让你的幸福指数更高。

在金钱名利上要以理智优先，在感情上也理当如此。不要因为一些镜花水月的诱惑，而错失自己真正爱的人。**追求欲望是人的天性，但尺度的掌握以及方式方法，全部都取决于自己。**追求名利，不应把全部的生活搭进去；追求情感，不应伤害身边最爱自己的人；追求事业，不可不择手段违法乱纪；追求美，不应把追求名牌当成唯一的标准。追求瘦身，不该采用绝食等一些极端的方式……

当然，我们除了被负面的欲望包裹，有时候繁多的正面欲望也会把我们压得喘不过气来。现在这个社会是一个多元竞争的社会，想要在这个社会站稳脚跟，拥有一席之地，我们需要不断精进自己，而且是全方位的精进。既想要阅读书籍，丰富自己的精神内核；又想要参加各种职业技能培训，为自己的升职加薪做准备；还想要用心培养自己的下一代，用心做一个称职合格的父母；也许你的心中还有一个探索世界的梦，想要去环游世界……

繁多的欲望会让我们头大，这个时候我们要学着放下。放下，并不意味着我们不去追寻心中的那份美好，而是我们应该慢慢来，一个梦想一个梦想地去实现。这些欲望不可能齐头并进地去实现，齐头并进的效果也注定不会理想。给这些心中的欲望安排一个轻重缓急的时间表，一个合适且能够实现的时间表，放下心中繁重的压力，轻松上阵，有计划有步骤地去斩获这些美好。

我们终归是要回归生活的，一日三餐，一张床，一个臂弯。终其一生我们能够得到的，不过是双眼看过的，双手触碰到的，双脚走过的，双耳听过的，舌尖尝过的，内心感受到的。除此之外，再无其他。

学会选择，学会舍弃。选择的目的是让我们获取的利益最大化，舍弃的目的是让我们前进得更加快速。有舍才有得，就看你选择舍弃什么了。万贯家财，位高权重，娇艳的面容，姣好的身材，当你站在人生的终点，会发现最带不走的就是这些，最遗憾的就是没能用追求欲望耗费的过多精力，多陪陪亲人，多看看书，多走出去见见这个丰富多彩的世界。

所以，在我们的人生还未到达终点时，卸下一些不切实际的欲望，你才可能更好地拥有这个世界的美好。

情绪：
不要和世界对抗，对抗自己

杨幂说："我把情绪戒掉了。"

《三生三世十里桃花》带着她又火了一把，出道多年，外界对她后病的声音越来越少，甚至日趋消弭。她也越活越像个旧光少女，热衷于自黑和幽默，总在不经意间展露出过人的情商。

巨大的舆论压力，负面的声音，也曾铺天盖地向她涌来。但她却像一个女战士一样，不动声色，单枪匹马地应对着这一切。每一波汹涌的浪潮，都足以让一个普通人一蹶不振。但是杨幂总能很神奇地化险为夷，在所有人都同情和怜悯她，认为她要就此暗淡的时候，她都能跳出来打一个漂亮的翻身仗。

明星之所以为明星，背后都有不可动摇的因素在起作用。于杨幂而言，这个因素，就是自控力。**控制情绪的能力，决定了一个人能走到的制高点。**

杨幂出道的时候，遭受过一些不公平的待遇。她没有像寻常十几二十岁的小姑娘一样，娇惯脆弱，需要别人包容忍让。恰恰相反，她给自己所有负面情绪一个二十四小时的期限，逼自己快速成长，给自己下命令，和自己死磕。

能够打败一个人的，往往不是外界的压力，而是自身的情绪。

在结果面前，在目标面前，情绪是最无用的东西。在这个三观太过多元化的世界，不同的人一起共事，就必然会产生矛盾。谁对谁错，谁黑谁白，很难判定。

曹雪芹在《红楼梦》里警醒世人："假作真时真亦假，

无为有处有还无。"是非曲直，公说公有理，婆说婆有
理。有时候，对错并没有我们想得那么重要，别人怎么
评判你也并没有那么重要。三观不同，何必强融。只要
笃信的事情，只要遵从本心的事情，踏踏实实放胆去做
就好，被外界的声音阻断了最想做的事情，才是真正的
悲哀。没有谁能真正伤害你，除非你九转十八弯地把外
界那些有意无意的伤害刻在心里。

　　咪蒙在文章中提到了她月薪五万的助理安迪。这是一
位 1993 年的小姑娘，她在咪蒙的公司里一共哭了三次。

　　第一次是她刚到公司的第一天，被要求写剧本。她
完全不会，一头雾水，回宿舍大哭一场，然后练就了边
哭边写文章的技能。

　　第二次是被客户骗了，签了不够完善的合同，被钻
空子，她因怀疑人性而痛哭。但是哭过之后，她们一起
完善了制度，建立了"不接受命题，不接受内容修改"
的新规则，并且用超高情商践行了这个制度。

　　第三次是因为被咪蒙骂，咪蒙觉得她的一些想法不

能够打败一个人的，往往不是外界的压力，而是自身的情绪。

大风越是迎面吹来，就越是应该迎头而上。

人生既需要有白日放歌须纵酒的沉醉，也需要青春作伴好还乡的清醒。

够有创意，她躲到厕所崩溃大哭。咪蒙发微信问她怎么了，她说："我是不希望老板你来照顾我的情绪的，我自己能调节。"

这个 1993 年的小姑娘，从一个生涩的姑娘，变成了一个能独立和客户谈上千万单子的优秀员工。除了她自身的不断努力，还在于她能够及时认识到自己的情绪，知道负面情绪只会拖慢事情的发展。只有及时调整心态，高质量完成领导交给的任务，才是自己最应该做的事情。

一个人如果把自己所有的不幸都归咎于外在，那么这个人很可能永远陷在不幸里走不出来。我们微弱的力量，还不足以让世界听我们的。

在当下，我们触手可及的事情，唯有控制自己的情绪。从压力、困顿、挫折、不幸中汲取经验教训，化为自己的人生经验和养分。直到我们拥有话语权，直到我们的声音能被周遭听到，才有可能改变眼前这个并不算美好的世界。

自律可以帮助我们解决很多人生的问题，带领我们走向人生巅峰；同样，自律也可以帮我们解决人生的痛苦，比如不良情绪带来的烦恼。

当你觉得生活中某一段时间负能量爆棚的时候，千万千万要调整好自己的情绪。给负能量一个期限，一个小时或者两个小时，一天或者一周。低谷期总该有一个期限，你必须逼自己一把。到了这个约定的期限，你就没有任何理由再沉沦、再堕落了。并非世上人人皆你父母，没有人会有耐心慢慢等着你悔悟。

适当的情绪释放，是人之常情，我们可以理解，我们也应该这样去做；但如果过度，无法从不良的情绪当中走出来，到头来，伤害的只能是自己和爱自己的家人。

你的同龄人都在昂首阔步往前走，唯独你深陷在情绪的泥沼里走不出来，最终你会发现身边的人离你越来越远，你与身边人的距离也越拉越大。六小龄童在演讲中曾经说过一段话："苦练七十二变，笑对八十一难。"人生如此，既需要有白日放歌须纵酒的沉醉，也需要有青春作伴好还乡的清醒。大风越是迎面吹来，就越是应该迎头而上。

王献之写干十八坛清水方成书法家，司马迁在监狱里写出《史记》，玄奘西行取经，耗费了将近十九年。诸葛孔明在《诫子书》中说："非淡泊无以明志，非宁静无以致远"。在成功时戒骄戒躁，在失败时不自我否定，任他成败得失，谦谦君子，当温润如玉，淡泊明志。以足够的耐心，足够的隐忍，去成就一番理想中的事业。**古往今来，凡能成大事者，无不经历过大风大浪，无不能喜怒不形于色**。

我们并不提倡存天理灭人欲，更不是想让你伪装成圆滑世故的样子。只是希望你能在这个复杂的世界里，通过提高调整情绪的能力，获得立锥之地，并且能坚守自己的内心。我们要想不被世界改变，就先要摆脱情绪的控制，用更加理智成熟的眼光去看待这个世界。

们不愧于天，俯不怍于地。世间百般繁华不计，愿你到头来仍得心安。

金钱：
努力做好一切，
平静期待发生

有一句玩笑话说："2017 年到了，你计划在 2016 年实现 2015 年没有实现的计划，现在怎么样了？"

玩笑归玩笑，道理却是真的。相信你的身边也会有不少这样的朋友，他们往往在一年伊始意气风发地制订一个很宏大的计划，勾勒出理想中不断前进的自己。但拉回到现实，他们却很难完美地坚持下去，在工作和生活中依旧我行我素，毫无改观，计划仿佛成了一种摆设。

计划很难坚持的原因，除了内心的懒惰因子在作怪，恐怕还在于计划制订时的不切实际。

　　我有一位身材不理想的男性朋友，他嚷嚷了六七年减肥，但是一无所获。我们问了一下他的计划，几乎都是一个月减掉二十斤，三个月减掉六十斤这一类求速成的。他在制订计划之后确实也有所付出，不过几乎都坚持不过三天。他尝试过"苹果减肥法""过午不食""夜跑十圈"等急功近利的方法，却没想过，这些极端的方法，对身体的伤害有多大。还好他意志力不够强大，否则真的实行起来，肯定会拖垮自己的身体。

　　一口吃不成大胖子，肉都是一天一天积累起来的。你用了好几年时间胖起来，凭什么奢望短短几个月就能恢复正常体重呢？出来混，总是要还的。既然曾经没做好，那就只能看望以后慢慢还，慢慢纠正。

　　想要减肥，那么制订的计划就应该实际一些。我问过一些减肥成功的人士，是怎么瘦下来的。他们制订的减肥计划往往是以一年为周期，最少的也是半年，从没有人能轻轻松松两三个月就实现健康瘦身的目标。

　　把周期设为一年之后，每周的运动安排，也就自然而然缩减为两到三次，是身体能够接受的运动量，也易于坚持。同时，这样的安排也给自己留有享用美食的余地。不会因为要减肥就刻意饿着自己，降低自己的生活质量。如果饥一顿饱一顿，结果只会让你饱的那一顿摄入更多的热量，效果适得其反。

不仅仅是减肥，我们在制订任何计划时，都需要考虑它的可行性。

每个人的意志力都是有限的，你必须清楚地意识到这一点。唯有你要完成的事情在你的意志力控制范围，你才有可能坚持长期的自律，一点一点地去实现它。那些看上去就很难实现的计划，不如一开始就放弃吧，你远远没有自己想象中那么强大。

那些近乎苛刻的计划，太容易在启动伊始就不幸夭折，因为强度太大会让你倍感疲累，难以坚持。切实可行的计划，应该是以自身条件为基础设立的。你只要考量到自己目前的状态，制订一个自己可以马上就适应的计划，再一点一点调整强度，调整计划。天底下没有一蹴而就的成功，只有按照可行性计划按部就班、日积月累，计划才能见效。

不懊悔过去，不奢望未来，只是静静地做好现在。

制订了可行的计划之后，下一步要做的就是把计划分解成一个一个小目标。例如你想要在半年之内背2000个单词，那你就需要安排一下，每个月要达到的量，每一天要达到的量。在每个月的任务完成时，还需要复核，检查自己背单词的效果。如果觉得太容易，可以适当缩短计划；如果效果并不尽如人意，就需要你重新安排最后期限以及月度任务量了。

我们还需要注意的一个问题是，计划往往赶不上变化。在你实施计划的过程中，往往好像有人商量好了似的，用各种突如其来的事项来打断你的计划。这个时候你的行动就变得尤为重要。你需要区分开这个打扰你的事项，是否值得让你暂时搁浅自己的计划。如果只是小饭局或者一场电影，那么能推就推了；享乐来日方长，但进步是没有人能代替你的。如果是无法推卸的任务，而且需要耗时很长，你也千万别放弃自己的计划，改一改它的时间，往后顺延。只要你有一个切实可行的好计划，什么时候开始都不算晚。

王健林说，先定一个小目标，赚他五个亿。我们没有他那样的魄力，但是我们也可以给自己一个具体化的数字，用数捃来考量计划的进度，用数据分析自己的效率。在一个具体可监测的计划中，依据客观条件做出适当调整。没有谁规定计划必须是一成不变的，只要你在尽你所能一点一点变好，那么这个计划就是有用的。

种一棵树最好的时间是十年前，其次是现在。**如果你有一个蠢蠢欲动但是没胆量开始的计划，不如从当下开始，分解它，修整它，量化它，一步一步攻克它。**计划本身不应该成为一个人的心理负担，不该使一个人过分焦虑，它只是一种让你成为更好的自己的途径和方法；方法是以人为根本的，只要你努力做好眼前事，一切都会自然而然地到来，比如金钱。

"金钱"这个词本身是一个中性词汇，它的褒贬之意是我们人为赋予它的。想要追逐金钱，并没有什么不好，也并没有什么羞于启齿的，只要你金钱的获取方式是合情、合理、合法的。我们生活在这个世界上，本来就是需要以物质生存为前提的。我们有权利让自己过得更好，有权利让家人过得更好。这些都是我们对于未来的美好期许，但实现期许的前提是付出行动。

金钱的获取不是盲目的，而应该是有步骤、有计划的。如果你的目标是：在××年，年收入××万。那么在具体化这个目标的基础上，你应该继续分解它。首先，你要明确你离这个目标还有多远。其次，为了实现这个目标，你应该从哪些方面去努力。是不断精进技能，提高自己的本职收入；还是多多开源，探索其他获取收入的可能性。最后，就像前面提到的那样，时时反馈和总结，不断调整前进的步调，让所思所想离自己更近。

向往远方，那就从现在拔锚起航；向往金钱，那就从现在积蓄拥有它的资本；做好现在，你期待的美好终将会到来。

情感：
唯自律者得自由

　　我见过最惨烈的分手场景，是我的朋友和她的前男友。

　　两个人站在寒冬腊月飘雪的大街上，不顾过往行人的目光，互抽耳光；一个双眼通红，一个头发凌乱。吵到最后，我的朋友甚至甩掉了鞋子光着脚在冰冷的马路上跑，她前任从后面拉住她，怕她被马路上来来往往的车辆撞到。

　　两个人，一个有着极强的掌控欲，一个有着阴晴不定的情绪起伏。这场感情也从最初的你侬我侬变成了最终的分道扬镳。

在感情里，我们都应该寻求情绪更为稳定的另一半。**情绪稳定是成年人必备的品质，在爱情里尤为重要。**情绪不稳定，掌控欲太强，对于恋人来说，是一种灾难。两个人相爱原本是要一起好好过日子，开开心心地相处。但是一旦有一方试图掌控另一方的情感，两个人就会陷入一种互相折磨的境地；一个觉得束手束脚不自在，另一个觉得忐忑不安怕被甩。

掌控欲在感情中，只会让人与最初的目的南辕北辙，让你忘记怎么正确地表达爱，怎么爱才是真正为对方好。结果只会是揠苗助长，加速感情的破裂。我们渴望得到互相尊重、彼此独立的伴侣，希望另一半更优秀，对爱情更忠诚；但是优秀和忠诚，是取决于自己本身。他人的心理和品质我们无法控制，我们能够控制的只有自己。

在电视剧《何以笙箫默》中，钟汉良的一句台词传遍微博："自我约束有利于家庭和谐。"剧中何以琛与赵默笙两个人之间的关系，是彼此独立的。一个是优秀的摄影师，一个是顶尖的律师，两个人在各自的领域都有很好的发展，并且在面临更优秀的追求者时，都能够妥善地处理，避免误会发生，维护家庭和爱情的长久。

在爱情上，掌控是没有用的。爱你的人，怎么样都不会舍得伤害你。不爱你的人，你百般约束，他也会想方设法钻空子。

最好的爱情，应当是："我是爱你的，而你是自由的。"

据说，民国才女林徽因婚后发现自己喜欢上了金岳霖，她向丈夫梁思成倾诉，说自己同时爱上了两个人，不知如何是好。梁思成虽然痛苦至极，但是经过一番纠结思虑，他告诉妻子她是自由的。倘若她选择金岳霖，他祝他们永远幸福。他不曾试图掌控她，她感动不已，明白梁思成是真正爱她的伴侣，并与他相守一生。

现在很多大叔倾向于找萝莉，御姐倾向于找小鲜肉，这其实是一种病态共生的感情。一方试图在物质或者情感上依附于另一方，而另一方则会从这种依附中得到一种病态的满足感。事实上，伴随着弱势一方在接下来的岁月中不断地成长，会越来越不愿意被原本强势的一方

● ● 唯独自由平等的灵魂才能在漫长的生命中
　　　互相欣赏，结伴同行。

控制，在以后的生活中矛盾会逐渐凸显，甚至不可调和。因为回归本质，我们都是不同的个体，无论精神思想是否独立，作为个体，你我都是独立的。

在情感方面，克制自己的欲望，是一种成熟的表现。如果任由其泛滥，可能会获得一时的欢愉；但长久来看，伤害的不只是爱你的伴侣，还有你自己。一时的享受，换来的是长久的失去；短暂的克制，才能赢得长久的自由。

自律的人，把精力放在约束自己身上，从自身出发，提升自己，成为更能满足伴侣标准和需求的另一半。而懦弱松散的人，总是寄希望于别人爱他一百年不动摇，迷恋止步不前的他，无底线包容幼稚的他，这是不现实的幻想。想要留住爱人，唯一的方法是同他共同成长。

钱钟书与杨绛的爱情故事也十分令人称羡。他们曾用英国作家概括的完美婚姻来形容他们自己，这段文字是这样描述的："我见到她之前，从未想到要结婚；我娶了她几十年，从未后悔娶她，也未想过要娶别的女人。"

两个人的爱情势均力敌，两个人也彼此搀扶着共同成长。两人会在家里开展阅读竞赛，交流读书心得。1942 年，杨绛创作了话剧《称心如意》，并且这部话剧一经推出便一鸣惊人。于是，杨绛迅速走红，这使得钱钟书有些心急。于是，为了证明自己，钱钟书打算创作长篇小说，杨绛听后十分支持，并时时鼓励督促他。两年之后，钱钟书的小说问世，这部小说就是《围城》。

他们的爱情不是单纯地使自己变得更好，还有两个人的共同成长。**爱情不是一个人索取一个人给予，一个人命令一个人付出，而是两个独立的个体，在精神上产生不可替代的共鸣。**两个人在一起碰撞思考交流想法，有着共同的爱好或者追求，互相扶持携手并进。两个人之间更像并肩作战的战友，而不是将军与士兵。唯独自由平等的灵魂才能在漫长的生命中互相欣赏，结伴同行。

做好自己，才能迎接势均力敌的他；做好自己，才能在携手前行的路上不孤独。

「困境：
不抱怨，
努力成为你喜欢的自己」

　　我曾经认识一个姑娘，大学毕业四年，陷入了一个困境：想要换工作，但是发现自己除了这一行什么都干不了。而她的工作，也难以晋升，所处的职位不尴不尬；后退倒是不可能，就是看不到前景。按照这个趋势发展下去，等到她 35 岁时，应该和现在的薪资职位也毫无差别。然而她空有一颗上进的心，对此付出的唯一行动就是抱怨。她向家人抱怨，向好友抱怨，唯独不敢向领导提出自己的意见。

　　无论是事业还是情感，每个人都会遇到各种各样的困境。遇到困境，我们大部分人的本能选择是逃避，毕竟逃避看起来更容易。选择避而不谈、视而不见，这样的选择只是自欺欺人和掩耳盗铃罢了。要知道，问题已经出现了，只要你不处理，它就一直会在那里，无论你愿意不愿意。千万不要等到问题集中爆发，不得不需要解决的时候，那个时候你可能会承受不起。

这时候必须停下来，冷静地分析自己身上的优势和劣势，长处和不足。此外，还需要对手头的资源和客观环境进行大概的了解。唯有如此，才能对现状有一个清晰的认知，不至于像一只无头苍蝇一样，东撞西撞一头雾水。也只有这样，我们才能够顺利找到解决困境的出路。

在困境面前，情绪是最没用的东西，尤其是抱怨。脱离行动的抱怨只会反噬你自身的能量，让你的状态越来越差。这种抱怨还很容易传递给身边的同事或者朋友，让他们给你贴上"负能量爆棚"的标签，难以洗白。你内心的纠结愤懑，你的郁郁不得志，旁人永远无法切身感受，更不可能有耐心去理解你。成人的世界就是如此，谁不是收起情绪嬉皮笑脸迎接人生的种种难题？

如果对现状不满，觉得龙游浅水，虎落平阳，怀才不遇，最好的办法就是闭起嘴，收起所有无用的抱怨，分析现状，想办法改变自己。与其羡慕别人的生活光鲜亮丽，不如让自己也活成让别人羡慕的样子。临渊羡鱼，不如退而结网。

汤唯曾经拍过这么一个视频：画面中，她卸净烟熏妆，说："每一秒，我们都有机会，让下一秒变得更好。因为真正决定命运的，不是运气，而是选择。所以，请放下顾虑，忘记你不够好；请放下偏见，放下伪装，放下世俗的认可和完美标准。改变命运的力量，存于我们的内心。你是谁，只因为你想成为谁。"

我们完全有机会让自己成为自己理想中的样子。既然不喜欢现在的自己，觉得这个自己窝囊怯懦，能力不足，又懒惰不思进取，为这个自己感到自卑和无力，不如就从当下开始，活成自己喜欢的样子。在心里勾画一下一年后，三年后，五年后的自己，穿着什么样的衣服，坐在什么样的位置，有怎样的收入，具备怎样的谈吐举止，拥有怎样的品质。

当勾画了未来想要成为的自己之后，再继续想想在通往这个目标的道路上，你的障碍有哪些？现在谁的状态是你很羡慕的，你可以将他设为你的榜样。当你想明白目标、障碍和榜样这三个问题之后，你就只需要踏踏实实，每一天朝着那个方向靠拢就行了。

当你真正喜欢做一件事时，自律就会成为你的本能。这就像玫瑰要绽放，茉莉要芬芳，鸟儿要飞翔一样。**所以请记住，增强自控力的唯一根本在于找到你真正喜欢做的事情是什么，真正想成为怎么样的人，也就是要找到你的人生使命。**

做自己喜欢做的事情，成为自己喜欢的人，原本就是一个人此生最大的追求。很多人一生都活得拧巴，在一个将就的环境里居住，从事一份将就的工作，嫁一个将就的人，深陷在自己给自己设置的陷阱里，觉得安逸已经很好了。直到中年醒悟过来，却发现为时已晚，青春已逝。等到暮年只能对着镜子里越来越讨厌的自己，感慨自己活成了自己最讨厌的样子。世界上最可悲的事情，莫过于你曾经可以，但你却未能那样做。当生命走到尽头的时候，只能空留一声叹息。

你的人生，幸或不幸，只取决于你自己。

而自律的人，不会任由自己困在某个停滞不前的状态里太久。他们会在困境中嗅到危机感，从自身实际出发，制订计划，严格控制自己的生活习惯，为自己留出学习和提升的时间。**你现在做的每一件事，都决定着你将来的样子。**贪享当下的舒适，就很容易失去这种舒适，成年人的生活没有容易二字。

　　有人说，生命在于折腾，我是非常认可的。毕竟等到七八十岁，我们都会过上跳广场舞遛鸟拉二胡的生活；年轻的时候，一定要可劲儿折腾，这样到老才不会后悔当年没有活成自己喜欢的样子，没有从事喜欢的事业，没有与喜欢的人在一起，过了窝囊而敷衍的一生。不会有人为你的选择承担后果，你的人生，幸或不幸，只取决于你自己。

告别：
放手过去，迎接未来

　　《琅琊榜》中有一句台词，一直警醒着我："既然我活下来了，就不能白白地活着。"剧中的梅长苏历经灭顶之灾，容颜尽毁，从一个生龙活虎的武将，蜕变成了搅弄风云的文人。剧外的胡歌，拿到了白玉兰奖的视帝。在颁奖典礼上，胡歌说："逍遥是诞生，长苏是重生。"胡歌凭借《琅琊榜》成功扭转了自己偶像派明星的人设，转型实力派演员。一个放得下过去的人，才能走得向未来。

　　或许我们的生活并不如我们期待的那般如意，每个人都有一段不愿想起的过去，无论是在事业上，家庭上，还是感情上。这些过去拖着我们的步伐，使我们止步不前、寝食难安。但是就好像树叶经过秋天的凋零之后才能在春天再次生长，就好像蝉需要脱掉壳才可以生出翅膀，就好像蛇需要一次又一次的蜕皮才能变得更加强大，人也需要主动寻求蜕变。

胡歌在二次爆红之后，并不满足于在已有的路线上继续走下去，而是选择了息影一年出国学习。就如同他在坠入谷底时，选择出演了关注度不高的话剧《如梦之梦》，并且获得了第二届丹尼国际舞台表演艺术最佳男演员奖。他一直在和过去的自己告别，主动地寻求人生里新的可能性。正因为如此，他才能够进步巨大，从一个只会搞笑扮帅的年轻偶像派，成长为演技与人品齐飞的白玉兰视帝。

能从过去走出来，浴火重生的人，都是英雄。曾经有一句话说，许多人在二十五岁的时候就已经死了，只是等到八十岁之后才埋。因为很多人在二十五岁的时候，就已经满足于过去的一切，或者没有能力去摆脱过去的一切，只能日复一日地重复着前一天的生活。虽然看似年龄一岁一岁地上涨，但其实人并没有什么长进，还是过去的那个人。

改变是会疼的，例如减肥。之前网上有一张很火的图片，这张图片是一个肥胖女人的雕塑，雕塑中的女人拿着凿子和锤头，在自己身上雕琢出一个纤瘦姣好的模样。从胖子到瘦子，掉的那几十斤肉，每一斤都是用汗水和饥饿换来的。再比如升学，我有一些专科的朋友，她们意识到学历敲门砖的作用之后，去考专升本。由于基础薄弱，所以在复习的过程中格外痛苦。但唯有经历了这样的痛苦，走过了这条必经之路，人生才会朝更好的方向走去。

如果对过去的自己不满意，如果你还有上进心，那么就拿出一点死磕到底的精神来，做好革命的准备。

在泰国著名青春电影《初恋这件小事》中，恋爱的部分其实少之又少，编剧和导演把大量的篇幅都用在丑小鸭小水是如何逆袭成为自信女神上。小水为了能够配得上优秀的男神，从一个差等生变成优等生，努力美白，摘掉眼镜，学会化妆，一遍一遍练习，一点一点提升自己，终于变成校花级学霸。

同样的逆袭还发生在韩国电影《丑女大翻身》中，

女主角是一个将近两百斤的胖子，她有着最美妙的歌喉，却因为外表不能上台表演，只能在幕后歌唱。后来因为她无意间听到暗恋的人对自己的看法，狠下心减肥整容，瘦成女神，并在唱歌竞选中一炮而红，最终夺得男神青睐。一个两百斤的胖子，变成美女明星，中间只差一次对自己狠心的改变。

对于一个人而言，改变原本的状态是一件很难的事情。你甚至会怀疑自己的改变是否还会遵从本心，是否还是原本的自己。但是当你告别过去种种，打开新纪元的时候，当你面目一新重整旗鼓出发的时候，当你拥有更轻盈的体态、更优雅的谈吐、更姣好的面容时，你会发现自己的人生就像开了挂一样，一往向前。

每个人都应该对自己的未来有所期待，并且为实现这个期待付出相应的代价。希望自己能够衰老得慢一些，就需要每天认认真真地保养皮肤；希望自己身体健康一些，就需要每周抽出时间去锻炼三到五次；想要看起来知识渊博，就需要从零开始制订读书计划，并且按时执行；想要得到家人的支持，就需要用耐心去解释和沟通，换来新的相处模式。

人可以恋旧，但绝不能固步自封。我有一个朋友，在感情和事业上都并不顺利，究其原因，就是她太恋旧了。因为舍不得初恋，所以任由他胡作非为，两个人一直分分合合纠缠不清；因为舍不得第一份工作，所以任由老板欺负、同事给她穿小鞋。她每天加班到深夜，出租车都打不到，尽管苦不堪言，却无能为力。

其实哪有什么解决不了的问题呢？哪有无能为力的事情呢？除了你自己，没有任何人可以逼迫你、左右你。你不能把人生交在别人手里，同样你也更不能指望别人来救你。因为身处困境时，能拯救一个人的只有他自己想度过困难的决心，想从藩篱中跳出来的勇气。我们生来就是自由的。这个自由不意味着可以什么都不做，而是意味着我们可以选择自己的生活方式，选择自己的人生，让它在每一个阶段都焕发出应有的生机。

人生有很多事情可以追求，有很多小目标值得被实现。未来怎样我们不得而知，但是只要按照自己的意愿爱好，凭借自身的悟性和努力，起码我们能走在一个正确的方向上。过去已经发生的事情，无论我们愿意不愿意，喜欢不喜欢 过去的都已经过去了，我们无法改写

● ● 无论选择怎样的生活方式，我们都应让它
　　在每一个阶段都焕发出应有的生机。

历史，只能告别历史，往前看。未来对于年轻人而言，是无穷无尽的希望，我们还有大把的时间去实现自己的心愿，用点点滴滴的努力为将来的成功埋下伏笔。

怕就怕，你没能彻底告别过去，又没能走向未来，站在此岸望彼岸，两头都到不了岸。滞留在过去的人，和没能开启未来的人，都是可怜的。我们只能活这一辈子，不多去经历一些新的事情，不去主动改变自己，迎接未来，这一生就是亏的。

对生活充满热爱，方能把当下的人生活得更精彩，不负过去，也不负未来。

自由的人生，
你需要整理的

从今以后
踏踏实实积累
想要收获什么
就为它付出努力

时间：
所有的质变，
都是量变引起的

　　学者斯蒂文·赫尔由智商、情商得到启发，提出 "Time Quotient" 即"时间商"（也称"时商"）概念，并将之定义为：对待时间的态度，以及运用时间创造价值的能力。优秀的人，能够把时间当朋友，他们之间的共同点是极其自律。知道时间对于每个人都是公平的 24 小时，所以动用自己的头脑和身体，安排好什么时间做什么事。相比之下，不守时，该努力时不努力，该休息时不休息的人，往往难以成功。

　　达·芬奇的作息习惯是白天多次短暂休息，晚上创作。有文献记载，当年达·芬奇在画《最后的晚餐》时，白天几乎都在睡觉。路遥在《早晨从中午开始》一书中提及，他的创作时间主要在晚上，困极了就靠香烟和咖啡提神，然后就一直伏案写作至天明；别人起床，他才入睡。村上春树在长达四分之一个世纪里，坚持跑步，每天有一两个小时跟谁都不交谈，独自跑步也罢，写文章也罢，都不感到无聊。

他们都能够坚持把自己最精力充沛的时间留给创作。尤其是村上春树，他在开始专职写作的同时，开始练习长跑，使得自己的身体能够支撑长时间的创作。他在《当我谈跑步时，我谈些什么》中写道："清晨五点起床，晚上十点之前就寝，这样一种简单而规则的生活宣告开始。一日之中，身体机能最为活跃的时间因人而异，在我是清晨的几小时。在这段时间内集中精力完成重要的工作。随后的时间或是用于运动，或是处理杂务，打理那些不需高度集中精力的工作。"

生活中，许许多多的年轻人都会抱怨时间不够用。但是细究时间花在了哪里时，你会发现，很多人的时间都浪费在早晨不想起床，休息日睡到中午才醒。晚上不睡觉，却不像达·芬奇和路遥一样在搞创作，而是无休无止地刷微博、看娱乐八卦、更新朋友圈。上班时间东转转西转转，看起来很忙，但是效率特别低。到了下班时间才发现自己没做出什么结果，只好在抱怨声中加班；日复一日，恶性循环，因此他们越活越累。

平均而言，一个人的一生，花在睡觉上的时间是二十年，花在吃饭上的时间是六年，生病三年，工作十四年，打扮五年。我们都是凡人，与这个平均数偏差不了太多。除了那些必须花掉的时间之外，让我们变得不同的，就是属于我们自己的时间是怎样安排的。下班后刷手机和下班后学习英语，在当下看来没有多大区别；但是五年后，十年后，差异就会日渐明显。**时间不会说谎，你得到的一切，取决于你付出的一切。**

有些人在管理时间上，心有余而力不足。明明是下了极大的决心，但是往往半途而废，难以坚持。原因可能是安排上出了偏差，太过理想化。一开始制订各种时间表、计划表、事项清单的时候，恨不得自己长了三头六臂，事事全部做到，不容忍列表里有一个叉号。但是我们的精力都是有限的，培养优良习惯，应当慢慢来。

　　成功养成一两个小习惯之后，再根据自己的需求添加其他的目标，目标过多往往会手忙脚乱。在培养自律品质的初期，还不具备协调繁杂事项的能力时，不要对自己过分苛责，只要踏踏实实把每天的事项做好，自信就会一点一点重新回到你身上，你也会重新感受到掌控自己生活的喜悦和激动。在一件一件微小的愿望达成之后，你会发现人生发生了潜移默化的变化，你过得越来越有幸福感。

　　当你逐渐能够摆脱工作生活一团糟的状态时，人生的舵又重新回到了你的手里，自律是一种途径，帮助你到达自由。这个世界上，没有无条件无规则的自由。与其把制订条件规则的权利交给别人，不如先掌控自己，自己制订属于自己的规则，形成自己的节奏，为自己争取更多的自由。

　　格拉德威尔在他的著作《异类》中讲到一条公式：刻意练习 ×10000 小时 = 世界级技能。大意是说在某个领域持续累计一万个小时，就可以成为该领域的专家。《刻意练习：如何从新手到大师》一书中也提到决定伟大水平和一般水平的关键因素，既不是天赋，也不是经验，昨日种种，皆成今我。

而是刻意练习的程度。一个人要在某个领域成为顶尖人物，需要经历漫长的刻意练习。

晚清名臣曾国藩在智力上其实是弱于常人的，他之所以能够成就仕途，离不开他日复一日的积累。据说曾国藩身上曾经发生过一个故事：小偷在曾国藩房间里偷东西，恰好曾国藩从私塾回来背书。小偷躲在床下，想等曾国藩背完书再溜走。但是没想到曾国藩读了几百遍都背不下来。小偷实在忍耐不住，跳出来骂道："这么笨就别读书了，我都会背了。"然后从头到尾给曾国藩背了一遍，扬长而去。

然而小偷还是小偷，曾国藩却成了一代名臣。曾国藩通过自身不懈的努力和刻意练习，使自己达到了普通人达不到的境界。他笃信勤能补拙，并以此为信念。**没有别人天赋异禀，就要比别人更加努力，才能有所成就。**最怕的是比你聪明的人还比你勤奋，而资质平平的你却安于现状止步不前。

清初著名学者阎若璩幼年也是非常蠢笨，不仅体弱多病，还口吃，书读一千多遍都背不熟。但他自强不息，勤勉不怠，把书拆成页，背熟一页烧一页。水滴石穿，积思自悟，他终于在 15 岁的一个冬夜"心忽开朗，如门牖顿辟，屏障壁落"，从此颖悟绝人，读书过目不忘。

时间是最好的裁判，它会给每一个人打出公平的分数。在每一个确定的当下，都要过得精彩绝伦，才有可能拥有一个你向往的未来。昨日种种，皆成今我。如果过去你不曾好好把握，不必焦虑，也不必悲哀。从今往后，踏踏实实积累，想要收获什么，就为它付出努力。所有的质变，都是量变引起的。每一刻更好的自己，积攒起来，就是充实而有意义的一生。

工作：
要自律、要自由、要效率

据说史蒂夫·乔布斯年轻时每天凌晨四点就已经起床了，在九点之前做完一天所有的工作。乔布斯说："自由从自信而来，自信从自律而来。"当你对自己的工作效率有了很强的掌控力时，自信就会自然而然伴随而来。**克制自己的情绪，把精力集中在提升工作效率上，你就会拥有更多自由掌控的时间。**然后把它用来培养自己的爱好，提升自己的技能，进入正能量的循环之中，不断磨炼自己，成为更优秀的职场人。

很多年轻的职场人都会有这样的困扰：上班时效率极其低下，到加班时才有状态，加班结束后都到晚上九点十点了，回家洗漱完毕，差不多就已经十一点，刷刷微博看看剧，一天就过去了。拖着疲惫的身躯瘫在床上，第二天睡眼惺忪地去上班，重复前一天的状态，白天没效率，晚上累到瘫。长此以往，你越来越觉得自己像是一台机器，被困在一个死循环里绕不出来，属于自己的时间几乎没有。辞职了又怕没有收入来源，整个人越来越不自由。

其实这不怪工作本身，工作本身没有那么累。现在已经不像几十年前，有那么多的重体力活，你感觉到累的唯一可能性是你心累。心累的原因，可能你会说出很多，比如工作无聊，比如任务苛刻，比如甲方事儿多，比如领导过分。但是这些问题的另一面是什么？归根结底，是你的效率不够高。**当你抛开那些抵触的负面情绪，专注于工作本身的时候，效率自然会大大提升。**

先不管工作是不是无聊，领导是不是严苛，甲方是不是事儿多，当你着手去做事情，去解决问题的时候，你会发现那些看起来很头疼的问题其实没有你想象得那么难。效率提升之后，一切都会逐渐扭转。你会发现工作逐渐有了成就感，领导不那么挑了，和甲方的合作也莫名其妙变顺利了。

而提升效率，就离不开一个人的自律。市面上有很多手账，很多时间管理的书籍，也有很多清单类的 App。只要你想，能够帮助你列清单、规划时间、做日程表的工具简直是触手可及不胜枚举。我们终归是要学会安排好自己的一切，与时间和谐相处，远离那些"时间不够"的抱怨。

李嘉诚也是以近乎苛刻的自律著称。不论几点睡觉，他都会在清晨 5 点 59 分闹铃响后起床，读新闻，打高尔夫，然后开始工作。**你会发现这样的成功人士身上都有许多共性，他们能够严格把控自己的时间，懂得节制，从不放纵自己本能的欲望。**正是因为克服了身上的惰性，安排好了工作和健身在一天中的比例，才有时间闲下来。有了空闲的时间，才有资格谈自由，谈生活质量。

我认识一个年轻人，出国留学回来，在一家小公司上班。虽然工资很高，但是工作内容很无聊，于是他每天磨磨唧唧，导致每天晚饭都没时间吃，年纪轻轻的胃就出了毛病。做事情想不周全，总是会出问题，于是总会在周末被叫回公司，弥补周内在工作中犯的错。他对此苦恼不已，但是我一点都不同情他，我告诉他："你的老板事实上比你还要苦恼。"以为自己招进去一个优质高材生，但是却发现他总是做不好事情，一而再再而三地需要返工。不积极主动地去解决问题，说一句动一步，不说他就停下来什么都不干了。

自由不是别人给你的，而是自己给自己的。大家都是成年人了，都需要靠自己的双手双脚以及头脑去为自己谋生，让自己在社会上能够立足，不被淘汰。在工作之余，才有资格谈论那些诗与远方。年轻人最不应该有的心态就是未富先懒，父母尚且还在各自的岗位上创造着价值，不希望早早退休了闲在家里虚度光阴，你就已经想着什么都不干归隐山林了。

能够让你实现自由的方法，其实很简单，就是养成自律的品质，提升自己的工作效率。不要在还没尝试的时候，就认为自己做不到，或者刚刚遇到一丁点挫折就放弃了。你必须清楚地知道，使自己具备优秀职场人的必备素养，除了成熟起来，你别无他法。你的工作状态，你的生活质量，其实都取决于自己。

● ● 学会安排好自己的一切，与时间和谐相处，远离那些"时间不够"的抱怨。

　　把外界的一切客观因素，都当成是一场游戏中的NPC，你只要开开心心地打怪升级换装备就行了。或者把自己的人生想象成一本书，在困顿不前的时候，就告诉自己，只不过是恰好讲述到这个章节而已。结局是悲剧还是喜剧，现在还言之尚早，而且这结局完全可以由自己改写。

　　我们都讨厌被束缚，都热爱自由，但是自律和自由并不矛盾；相反，自律的品质可以帮助你更快抵达自由的状态。你可以空出几个月做一个实验，试一试完全不自律、任意妄为的生活，再试一试为自己安排好一切生活。不出意外，极端的自由，只会让你的生活一团糟，你失去了掌控，像风中漂泊的蒲公英一样。而自律的人生就像放风筝，无论风筝飞得多高多远，风筝线都掌控在你自己的手里。

　　服从自己的意志，按照自己的意愿，去完成自己的工作。不要总觉得你是在给老板打工，你应当跳出那种被奴役的感觉，然后把自己当作一个品牌去努力经营。一步一步都在自己的掌控之中，每件事，每个任务都能迎头面对，解决它。

当你站在另一个高度，另一个角度时，再回头想一想你老板的状态，你会发现，他比你可怜得多。你还有假期，有周末，有每天下班后完完整整属于自己的时间；而你的老板，必须时时刻刻惦记着大大小小的事项，统筹全局，还要照顾到每一个人的状态情绪。这么一想，你是不是觉得，站在老板的角度，为老板分忧，也没有原先那么抵触了。

　　有效率地完成自己的工作，是成年人必备的素养。优秀的人，既自律，又自由。

规划：
努力改变生命的密度

　　毕达哥拉斯说，不能约束自己的人不能称他为自由的人。这个世界上，浑浑噩噩过日子的人太多，活得明白的人太少。大多数人都是在一生的劳苦和焦虑中走向暮年，事业家庭爱情全部得过且过，到七八十岁回头一想，一辈子糊里糊涂，却无法再重来一次。只好安慰自己说："难得糊涂。"

　　每个人都应该对自己的生命有一个规划：你想成为什么样品质的人，你想从事什么样的职业，你想拥有怎样的家庭，你想交到怎样的朋友，你想和怎样的异性结为伴侣度过余生。我们经常说随缘，说命运给什么就接受什么，这没错。但前提是你已经有了自己明确的方向，知道自己想要做什么。成大事者不拘小节，那些通往目标的绊脚石只是暂时的，所以你才有底气说随缘。

对生命负责的人，把随缘当成一种调剂心情的哲学；不负责的人，把随缘当成一种逃避现实的借口。假装自己不想争，想要随遇而安，结果深陷在所谓的小确幸里，格局眼界再也无法提升，宛若井底之蛙一般，只能局限于自己的小圈子里，跳不出来。只有一个人对自己的生活无力到极点的时候，才会把一切都归咎于命运。

然而所谓的命运，所谓的水逆，真的能对你有那么大的影响吗？你自己心里也清楚，你只是不想面对现实罢了。你知道，有很多对自己的人生有规划的人，不会混日子，命运交给他们的，不是失望之杯，而是希望之酒。**你用什么样的方式对待时间，时间就会以什么样的方式来回赠于你。**

每个人的时间都是有限的，那么，是什么使每个人的生命天差地别？正是人生规划和自律的品质。我们无法掌控生命的长度，我们永远无法知道明天和意外哪一个会优先到来。**我们能做到的，就是在确定活着的每一天旦，追寻自己的目标，依照自己的规划，实实在在地把每一天都过好。**

生命的长度，在老天爷手里，但是生命的密度，在自己手里。依循自己的规划去活，一件件落实，一步步前行，充实有规划的一年，好过浑浑噩噩的一辈子。我们不应该满足于生理意义上的活着，更应该让自己的精神、头脑和状态，都处在"活着"的状态。

在工作中，要想明白为什么要工作；学习时，要知道为什么要学习。你是独一无二的你，效仿别人是没有意义的，你必须知道自己真正的喜好。东野圭吾在《嫌疑人 X 的献身》中说，一个人只有知道自己为什么而学，才具备充分学下云的理由。

做人生规划的基础，就是你要想明白为什么。这个最初始的原因会成为你在日后努力拼搏的不竭动力。搞清楚为什么要做一件事，就可以有效避免把生命浪费在那些没必要云做的事情上。有些人明明不喜欢当教师，明明不想当公务员，却因为父母的逼迫而在一个完全不想待的岗位上一待就是数十年。但是我们活着，不是父母的傀儡，不是为了替他们实现年轻时的梦想，而是为了把自己的一生过得精彩绝伦。

然后，你就要想明白，在一份工作中，你想要得到什么，你如何看待金钱与个人发展的关系，想要做到什么样的高度，到达什么样的位置。为了到达这个位置，你需要付出什么，你能够付出什么，有什么事是你在这个过程中必须要坚守的，又有什么是你可以舍弃的。

无论如何，对将来要有一个具体的设想，越具体越好。这样，你才有可能根据你的目标，给自己设定一个最后期限，然后将这个目标分解成一个个阶段小目标。在每一个阶段，都能够去汲取自己需要的知识，整合所能得到的一切资源，精准地朝着一个点去努力，效果会事半功倍。

周迅在十八岁之前，她不知道自己想要干什么，每天唱唱歌跳跳舞，有导演找就去拍戏，多小的角色都接。但是有一天，她的老师找她谈话，问了她几个问题，改变了她的一生。老师问她："周迅，你能告诉我，你对于

生命的长度，在老天爷手里，但是生命的密度，在自己手里。

未来的打算吗？现在的生活你满意吗？"周迅摇摇头。老师笑了："不满意的话证明你还有救。你现在就想想，十年以后你会是什么样？"

周迅很坚定地说："我希望十年后的自己能够成为最好的女演员，同时可以发行一张属于自己的音乐专辑。"老师教她把目标倒着推，说："那么你 27 岁的时候，除了接拍各种名导演的戏以外，一定还要有一个完整的音乐作品，对不对？ 25 岁的时候，在演艺事业上你就要不断进行学习和思考，另外在音乐方面一定要有很棒的作品开始录音了。不仅如此，23 岁就必须接受各种培训和训练，20 岁的时候就要开始作曲，作词，在演戏方面就要接拍大一点的角色。"

正是她的老师让她缺乏规划意识的人生变得不一样，让她对自己将来的样子变得明晰。有了规划，坚定不移地走下去，你会离你的梦想越来越近。

后来，众所周知，周迅果然红遍了全国，有许多拿得出手的作品，有流传颇广的歌曲，甚至给电影《我们诞生在中国》担任配音。她独特的音色和断句的节奏感，让这部纪录片具备了另一种气质，颇受好评。这一切，都离不开她对自己人生的明确规划。

我们都可以做到这一点。先静下来，停下手头的一切，找一张白纸，为自己做一个 SWOT 分析。写明自己的优势劣势，写明自己的爱好兴趣，分析自己的性格和习惯，权衡自己各方面的能力，对自己有一个全面的认知，然后慎重考量自己下半生应该追求什么。

确定了自己的方向之后，剩下的一切都会迎刃而解，只要你按部就班列出长期计划、短期计划和每日计划，让一切走上正轨。亡羊补牢，犹未晚矣。你完全可以从现在开始，蜕变成一个自爱自律的人，活得越来越优秀，越来越让你为自己感到骄傲。

物质：
不被束缚，
给眼睛一点自由

　　日本的杂物管理专家山下英子提出了"断舍离"的理念。断，就是断绝不需要的东西；舍，就是舍弃多余的东西；离，就是脱离对物质的执念。**通过实行"断舍离"，摆脱物给人带来的压力，真正减少物对人本身的消耗，了解自己最真实的需求，从而达到空间和心灵的解放。**生活中，我们经常会接触到许多刺激消费的信息，如各种购物节、优惠券、团购券，这些又会诱使我们情不自禁地买一些眼花缭乱的闲置物品。

　　但是我们真的需要那么多吗？别人说要买名牌包包，要买全色号的口红，要买各种奢侈品，你买了，买回来之后呢？我认识一个姑娘，是传说中的网购狂魔。每天取两三件快递，一个月三四千的工资全部花在购物上。她看到某个模特穿一件上千块的裙子，觉得好看，就安慰自己："女人要对自己好一点。"于是她就咬牙买回来，然后下半月开始吃土。吃土归吃土，但那裙子并不适合她，所以只穿了一两次就压箱底了。

陪她去逛街的时候，发现她是一个内心特别容易被动摇的姑娘。导购员的几句好话，就让她觉得那个东西特别适合自己，我们这些同伴说什么都没用，所以她有一大堆没拆封的化妆品和护肤品。一开始，我们怀疑她有囤物癖，但后来发现，她只是内心太过匮乏。没有主见，遇到大大小小的事情，都没办法自己做决定，安排不好自己的生活。

还好她的家庭和男朋友的经济条件都还能够养得起她的欲壑，很多被物欲吞噬的其他女人就没有那么幸运了。"裸贷门"事件轰动全国，采访当事人的结果令人吃惊：很多姑娘并不是因为穷到无路可退才去裸贷，她们只是为了买更多的衣服，去更高端的娱乐场所，买更好的化妆品，然后去和同伴攀比。虚荣心将她们的灵魂交给了魔鬼，事件未曝光时，谁能想到，她们竟然可以为了物质罔顾羞耻之心，放下尊严。

年轻人本该追求自己最热爱的事业，过着热血拼搏的青春。但是物质的诱惑，剥夺了一部分人的斗志，让他们在自己尚未丰收的时候，就轻易走进了别人家的后花园。最后可能导致的结果是，自此萎靡不振，未富先懒，人生止步不前。虚荣心让人炫耀表面的富足，而内心的匮乏也容易被浮夸的表象遮掩。等到潮水退去，水落石出之时，谁的灵魂更高贵，谁的目光更深远，也就显露无余了。

我们本不需要那么多物质。不必要的东西占据了我们活动的空间，无形间增添了我们的负担。《断舍离》一书中想要教会我们的是一种思想：我们需要在眼花缭乱的商品中重新审视自己与物的关系。从最初级的被物品左右，转换成关注自己的需要。了解自己，把身边所有"不需要、不适合、不舒服"的东西替换为"需要、适合、舒服"的东西。

被物质控制的人，往往有几点共性。

一是对自己的生活缺乏节制。做事情没有度，不知道节制，一味放纵本能的诉求，吃不得苦，受不了累。我们都知道躺着最舒服，都知道工作会累，知道人本性懒惰，喜好安逸，因而才需要时时鞭策自己。缺少了鞭策这个机制，欲望就会泛滥，最终将人吞噬。

二是自身在实力上的匮乏。自律的人会在工作生活上严格要求己己，高质量完成自己的本职工作，安排照顾好自己的生活。这样的人很容易在工作上获得成就感，在生活中获得小确幸，得到精神层面的满足。相对而言，仅仅追求物质上的满足感，会比在工作生活中获得满足感更加容易。这种肤浅的满足感更好被量化，更轻易得到，但更难被控制。

三是没有自信心和安全感。当自信心不足时，物质便成了你的唯一依靠。叔本华在《人生的智慧》一书中说："我们所经历过的担忧和害怕，半数以上来自对别人看法的忧虑。它是我们那容易受伤的自尊心——因为它有着病态般的敏感——和所有虚荣、自负、炫耀、排场的基础。"这些焦虑和担忧，能够在物质的快乐中得到短暂的平息。但越是如此，越能说明这个人本身有多空洞

● ● 给生活做减法，主动地断舍离，才是对自己
真正的宠爱。

单调。

自律的人，懂得控制自己的欲望，把自己的精力放
在有价值的事情上。即便对物质有欲望，也不会任由这
种欲望吞噬自己的心灵，他们知道人生最应该追求的事
情是什么。在人世间的百般历练中，他们总是能够成功
打怪升级，并因此获得满足感。能够驾驭得了欲望，就
斩获得了自信和安全感。

电影《穿 Prada 的女魔头》中，安妮·海瑟薇饰演
的角色就经历了这样的心路历程：由于追求光鲜亮丽的
物质生活，一步一步失去了自己的朋友和爱人。但是在
最后关头，她幡然醒悟，毅然决然离开了那个世界顶尖
的杂志社。她放弃了职位，脱下了奢侈品牌的衣服，回
归她原本淳朴勤奋的本性。然后她又寻回了爱人，找到
了一份更适合她自己的工作。

本田直之在《少即是多：北欧自由生活意见》中写道：

"在一个万物俱备、什么都不缺的年代，占有物质很
难再刺激我们的感官，让我们获得长久的满足。在新的

时代，比起金钱和物质，更重要的是精神层面的充实感。从实物中获得的满足感只能持续很短的时间，但是我们宝贵的经历以及从中获得的知识，将永久入驻我们的生命。如果一个人清楚知道对自己来说什么是最为重要的，就可以干净利落地砍掉那些生活中不需要的东西。与其说是'化繁为简'，不如说是'刻意放手'更为贴切。"

唯自律者得自由。自由的人生，不会以物质作为唯一的衡量标准，也不会受物质所限。自由的灵魂，是绝不会用堆砌物品来彰显自身的充实。给生活做减法，减轻负担，主动断舍离，才是对自己真正的宠爱。**没什么比干净轻松的心灵更珍贵的东西了，你我都应珍视并保护好它，使它不被虚表的物质所腐蚀。**

习惯：
往前走的勇气，
有选择的底气

　　马歇尔·古德史密斯的《自律力》封面上有这样一句话：创建持久的行为习惯，成为你想成为的人。人与人之间生活方式的区别，生活质量的区别，其实是个人习惯的区别。在职场上，工作效率的差别，归根结底也是工作习惯的区别。习惯这两个字，说大也大，说小也小。**总有人抱怨养成习惯有多难，却也总有人养成了一身好习惯帮助他走上人生巅峰。**

　　我看过一个很有意思的小故事，说有父子两个，每天都要赶牛车下山卖柴。父亲驾车经验丰富，儿子眼神较好，每当走到崎岖的弯路上，儿子都会提醒一下：

"爹，转弯啦！"但是有一天父亲病了，儿子自己驾车。到了弯道上，牛怎么也不肯转弯，儿子下车又推又拉，用青草引诱牛，但是牛一动不动，儿子百思不得其解。最后想到了一个办法，他对着牛耳朵大声叫道："爹，转弯啦！"牛马上就动了。

你看，就连牛都会因为养成的习惯，形成一个条件反射，知道什么样的指令是该转弯了，可见习惯的力量不可小觑。对于优秀的人也是一样，去翻看人物传记你会发现，许多成功人士都有一个共性，他们在很小的时候就已经养成了特别优秀的习惯。

例如法国著名作家，女权主义代表西蒙·波伏娃，她远超时代的思想以及和萨特之间的契约爱情为我们后人所敬仰。西蒙·波伏娃三岁就开始读书，七岁就开始编写儿童故事，母亲一刻不敢放松地培养她的优秀习惯，教她英文和钢琴，为她将来的成功奠定了基础。在家庭氛围的影响下，她从小就形成了热爱读书重视读书的习惯，这一习惯也贯穿了她的一生。

我们惊讶于西蒙·波伏娃能在那个闭塞的年代，敢冒天下之大不韪，特立独行。她是女性独立运动的先驱者，当时的她拥有开放先进的思想，并且她的很多观点在现世看来都是超前的，难以理解的。

西蒙·波伏娃的精神是绝对自由的，甚至她也获得了生活上的自由。究其根本原因，在于她爱好读书的习惯，书籍使她接触了太多知识和信息，精神上的富足给了她勇气和信念。这些使她具备了独立思考的能力，无论现实世界里是否有人支持她，她都能坚信自己的理论是有利于人类的。伟大的事业总是寂寞的，但是思想的瑰宝和等身著作，都证明了西蒙·波伏娃存在的价值。

习惯的养成自然是越早越好。在童年和青少年期间，面临的繁杂事物较少，诱惑也相对较少，年纪越大就越不容易改变。但是不容易并不是不可能，尤其是在工作中一些良好的小习惯，随时就可以做起来，然后有效提升工作效率。

第一个小习惯就是列好每天必做三件事。不管其他事情有没有完成，这三件事都必须要做到。这样一来，你会逐渐拥有自信，对每一天最重要的事项有了把控。

第二个小习惯是把琐碎任务分轻重缓急列出来。大概分为紧急重要、紧急不重要、重要不紧急、不重要不紧急，然后依次安排好顺序，让事情有条不紊地进行。

第三个小习惯是随身携带纸和本子。人的记忆力是有限的，遇到会议或者紧急事件，单凭自己的脑子是记不住那些关键信息的，带上本子和笔尤为重要。如果有紧急情况来不及记，也可以打开手机的录音功能，记录下来，方便回听。

拥有了这些看似微不足道的小习惯，你会发现自己的工作效率大大提升，原来那种手忙脚乱晕头转向的感觉会越来越少，你的工作思路会更加清晰，进度更加顺利。避免了很多不必要的反复沟通，也避免了东一榔头西一棒槌式的工作状态。一旦能够将这些习惯运用得炉火纯青，那么你在工作中会更加得心应手。

这些小习惯培养起来，初期可能需要你时时敦促自己。但是时间久了，你将会吃惊地发现，这些习惯大大缩短了你的工作时间，给了你更多的自由。将头脑和身体解放出来，不再为"怎么去做"而抓耳挠腮，而去思考下一步如何才能"做得更好"。

与其羡慕别人因自律而自由，不如也从当下开始改变自己。习惯的养成，并不仅仅是二十一天，这个数据是一种以讹传讹的谬误。养成一个习惯，需要更久，可能是三个月，甚至是半年、一年。只有让身体形成记忆，才可以有效地进行下去，成为一种自然而然的事情。不用再费力去逼迫自己，重要的是我们要如何熬过初期习惯养成的阶段。

回归计划本身，一切就都显得有法可解。第一点，我们设置的计划，不能给人一种天方夜谭痴人说梦的感觉。它必须以现实为基础，考量自身能够接受的强度和工作量。第二点，大计划必须分解为一个个可以考量的小计划，才能落在实处。第三点，每当实现一个阶段性计划，就可以给自己一点点鼓励，然后形成一个正面循环。

现在有很多读书训练营、写作训练营、早起打卡训练营以及各种私教班，这些课程往往价值不菲，但是课程的内容并不是满满当当，每一堂都有干货的。他们只是在一周内有一两节课来讲授基础知识，剩下的时间只能起到一个监督的作用。

你不自律，又想要有所收获，就只能花费许多金钱，来弥补自己在自控力上的不足。这些课程最大的价值，也就是鞭策那些没有形成良好习惯的人，督促他们完成计划。自律是一项难得的品质，如果你不能主动习得，就只能花钱被动接受，别无他选。

要想实现真正的自由，就一定要狠下心来，费些功夫来培养自己优秀的习惯。这些习惯无一例外地会产生意想不到的效果，把你从繁复杂乱的生活和工作中解救出来。习惯之后，那些曾经需要逼迫自己做的事情，现在看来就甘之如饴。就像一个坚持吃素好几年的人，再也吃不惯荤腥；就像一个跳芭蕾舞的演员，从初期的苦不堪言，到后来一天不跳就不舒服。

好的习惯会推着我们一路向前。

优秀的习惯会使你的生活发生意想不到的改变，会把你从繁复杂乱的生活和工作中解救出来。

总有人抱怨养成习惯有多难，却也总有人养成了一身好习惯帮助他走上人生巅峰。

「态度：
你怎样对待世界，
世界就会怎样对待你」

美国作家黛比·福特撰著的《接纳不完美的自己》一书中写道："你怎样对待世界，世界就会怎样对待你。"作者二十八岁之前的人生过得一塌糊涂，酗酒、抽烟、虚度光阴。但是她在二十八岁那年幡然悔悟，突然意识到这个世界上能够拯救自己的人只有自己。于是她发自内心地反省自己，拯救自己，让自己的生命发生了翻天覆地的变化。

我也有过这么一段时间，不思进取，虚度光阴。那时候我不知为什么陷入了一种消极萎靡的情绪里，觉得一切都没有意义。我早晨赖在床上看着天花板，晚上盯着手机迟迟不肯入睡，应该完成的事项一拖再拖，很久都没打开过一本书，静下心吸收一丁点知识。这样的状态持续了快严个月。

因为我主观的消极态度，生活马上就出问题了。首先因为不规律的睡眠，导致我开始胃疼，这在原来从未有过；紧接着视力明显下降，早晨睡醒就像没睡一样，两眼干涩；因为不读书，整个人思维僵化特别严重，甚至没有办法流畅地完成一篇文章。停滞不前的状态一点一点把原来乐观开朗的我拖向黑暗。那些拖延的任务到最后不得不赶工，由于火烧眉毛，任务的完成质量也令人懊恼，无法对自己满意，自信心也就一点一点弃我而去了。

后来我看到了一句话，说我们活着不是为了改变世界，而是为了不让世界改变我们。看到这句话，我那些关于生命意义和人生哲学这些宏大而虚无的问题，都有了明确的指向。生命意义不是坐井观天想出来的，而是自己一步一步走出来的。以"我"为主观感受的这个世界，它并不能被"我"冷眼旁观，它与我密切相关。我的生活状态，我的身体健康，我的心情愉悦，我的前途把精力放在有价值的事情上，即便对物质有欲望，也不会任由这种欲望吞噬自己的心灵。

与未来，全部都需要我亲自操刀。

或许每个人都会有这样一段低迷期，觉得生无可恋，无可追求，好像一切都坠入了无趣的深渊。这可能是成长必经的过程，一生中诸多起起伏伏，你需要打起十二分的精神来，避免沦为全面平庸的样子。李碧华曾经说："有人呵护你的痛楚，就更疼，没有人，你矜贵，但坚强争气。"此话不假。**我们不可能总是得到旁人的呵护，被人疼爱。在孤独与低迷的时刻，唯独自己坚强争气，才能拉自己一把。**

有的时候，客观条件与环境因素固然会对人产生影响，但是真正能够决定自己人生走向的是自己的态度。没有谁的人生是一路平坦的，我们都会在固定的阶段遇到相似的问题，重要的节点也不过就那么几个：上什么学校，找什么工作，和谁结婚。其余大大小小的事项，只关乎生活方式，无关命运走向。所以你的态度，决定了你过得是否开心。

有一句毒鸡汤说："不要总觉得全世界都在挡道，全世界并不认识你是谁。"我对这句话真正理解透彻，是因为在某网站当编辑的过程里，开启了上帝视角。每天向我投稿的作者有几百上千个，文章有几百上千篇，这些作者与我素昧平生，无冤无仇。我遇到了两类让我印象颇深的作者，一类是拒稿之后发私信辱骂我的，说我不懂欣赏他的作品，没有水准，觉得我是针对他；还有一类是被我推荐打赏的；这些作者会特别礼貌地感谢我，让我觉得受宠若惊。

我敢打赌，第二种作者绝对会比第一种作者走得更远。站在编辑的位置上，我有判定审核一篇稿子是否通过的权限，我的审核标准是固定不变的，并不存在偏颇，唯一使结果有所区别的，就是作者自身的水平与对待文字的态度。时间长了我发现，越是文章质量高的作者就越是谦逊而勤奋，他们身上有一种正面的循环：写得好，被肯定，更努力，写得更好。而越是不肯把失败归咎到自己身上的作者，越是擅长找编辑麻烦，耽搁了自己修行的时间，也没给编辑留下什么好印象。

当一个人谈及自律，谈及自我要求的时候，其实谈的是他对于世界的态度。我们的生命终将走向虚无，过程中对于自己的约束，为人处世的态度，都很大程度上决定了你从外界得到的反馈是正面的还是负面的。世界它不是一个冷冰冰的牢笼，而是一面回音墙，你发出去的声音，都会反馈到你自己身上。

印度国宝级演员阿米尔·汗，在电影《摔跤吧！爸爸》中，呈现了自己作为演员的实力。他之所以会成为受世界尊重的演员，甚至被称为改变一个国家的演员，离不开他自身的态度。单从戏中呈现的弹簧式体重就足以说明他对自己严苛的要求。他承包了所有豆瓣上榜的印度电影，他的每一部电影都能起到发人深省的作用。《三傻大闹宝莱坞》里，他教会千千万万的年轻人，要走适合自己的那条路，而不是大家都在挤的独木桥。《摔跤吧！爸爸》中　他为印度千千万万的女性发声，号召她们独立起来改变自己的命运。

阿米尔·汗作为演员的敬业态度，为他赢取了整个影坛的尊敬；而他作为一个有责任感的印度国民，更是用自己的态度影响了很多人的人生。太多人都做不到保持本心，他们在变老的过程中被世界改变，活成了得过且过的老油条；而阿米尔·汗，他不仅没有被世界改变，甚至还改变了自身所处的世界。一个人能散发出多少能量，取决于他自己对于世界的态度。

　　越是对自己严苛要求，越是把本职的工作做到极致，就越具备和世界谈判的砝码和力量。你对自己的自律，会演化成一种自由。这种自由带给你的不仅仅是生活状态的改善，还有你内心的超脱。你自律时，你就和这个世界息息相关；你放任自流，就会离世界的本质越来越远；用进废退，所以要主动调整自己的态度，才能在红尘的鏖战中越挫越勇，凯旋而归。

●● 世上没有一蹴而就的成功，有的只是
日积月累的坚持。

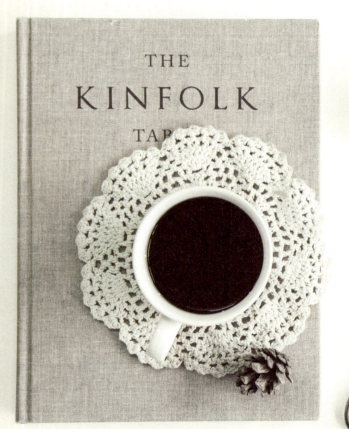

精进的人生，
你要持之以恒的

蜕变是痛苦的
但却是有收获的
我们需要凭借自己的努力
去获得那份生活的精致

精致：
又美丽又自在

　　我有一个相识多年的朋友。我们相识时，她只是一个相貌平平、穿着朴素、自卑怯懦的姑娘。孱弱瘦小的身体，短而稀少的头发，穿一身宽大的黑色运动服，戴一副黑框眼镜，她从来不敢拍照，扔在人堆里根本认不出来。但是一年一年过去了，她逐渐蜕变成了当之无愧的女神。

　　为了让自己变得更美，她可谓是下足了功夫。每天吃黑芝麻糊，只是为了让头发更乌黑浓密；每天做深蹲，只是为了控制体重，不让它有一丝一毫地上涨；一点一点地琢磨着修眉画眉，只是为了找到适合自己的眉形；

她还关注了很多时尚博主，渐渐地，她知道了什么样的护肤品和化妆品适合自己的皮肤，知道什么样的口红衬自己的肤色。会给自己买遮盖身材缺陷的衣服，衣品直线上升。黑框眼镜也换成了隐形，贴上双眼皮贴，一双眼睛也显得炯炯有神。

此外，她还读了许多书，腹有诗书气自华，她慢慢变得自信开朗起来。对自己的人生充满规划的她，在毕业之后毅然决然地选择了出国深造。总之，这几年，她整个人的气质发生了天翻地覆的改变。

她整个人的学识，对人世间万事万物的认知，对人生的明确计划，已经远远超过同龄人。而这一切，都离不开她几年如一日的自律。精致的面容，优雅的举止，都能为一个人带来高质量的生活。精致的生活不仅限于一日三餐，还包括适时补钙、补铁、补充各种维生素，每天喝足八杯水等；也不仅限于有衣服穿、有钱花，还要衣服衬得起身材，钱要能够成为自己做一切选择的底气。

蜕变是痛苦的，但也是有收获的。当下的麻烦，都是在为明天更优秀的自己铺路。

陈道明曾经说过，人的最高意境是节制，而不是释放。释放是容易的，物质的释放、精神的释放都很容易，但难得的是节制。

优秀的人都是相似的，他们身上都无一例外有着自律的品质。每个人的精力都是有限的，区别是有些人把精力放在和自己较劲儿，逼着自己变得更好上；有些人则是把精力浪费在无关紧要的消遣上，刷微博、看韩剧、吃零食……几年过去，除了腰上的脂肪外，毫无长进，整个人的状态都停滞下来。蜕变的过程当然不会很轻松，但是咬牙坚持下来，等你三十多岁时，依然拥有看不见毛孔的皮肤，拥有二十多岁时的身材，那个时候对比同龄人，你会感激过去那个倔强而自律的自己。

与其抱着零食窝在沙发上羡慕别人的逆袭故事，不如让这样的传奇发生在自己的身上。**想要活成自己喜欢的样子，其实并没有那么难，你只需要每天投入一点点时间而已。而这一点点时间也是为了取悦将来的自己。**当几年以后，你再回首曾经的自己，你会惊讶于自己的潜力，惊讶于凭借自己的努力而获得的那份生活的精致。

高级优质的生活，来源于一个人内心的自律，以及对生活本身极大的热爱。

著名舞蹈家杨丽萍曾经接受过一个采访，有人问她，每天吃多少东西。她打开饭盒，里面是一小片牛肉，半个苹果，一个鸡蛋。别人问她饿不饿，她说："热量已经够了，你看我还不是整天跳舞，从没有倒在台上。"她今年已经五十九岁了，却依然身材完美，姿态优雅。把自律融进生命里，时间会给你最好的回馈。而这回馈，是会丝毫不露地体现在你的面容和身体上。

　　不仅仅是明星和艺术家需要对自己极其自律以保持美丽，我们普通人更应如是。

　　你的外表是你最直观的名片。有一段话说："以貌取人，绝对科学。性格写在唇边，幸福露在眼角。理性感性寄于声线，真诚虚伪映在瞳仁。站姿看出才华气度，步态可见自我认知。表情里有近来心境，眉宇间是过往岁月。衣着显审美，发型表个性。职业看手，修养看脚。穷会从全身散发出来。"

　　你总是慨叹，这个看脸的世界不给凡人留活路，颜值高的人就像开了挂似的。但事实上，真正天生就拥有绝世容颜的人可谓是万里挑一，王祖贤只有一个，林青霞也只有一个。千千万万的女性，生来也原本是普普通通的，但是她们愿意花心思打扮自己，琢磨怎么样才能让自己更有魅力，更加得体。等到四五十岁时，先天美人的容颜渐次凋零的时候，后天美女的气质会历久弥香，整个人散发出一种柔和倔强的光芒。

我有一个朋友，第一次见到她时，就被她干净精致的脸吸引了。她身材苗条，有一双细长的美腿，穿一件浅灰色卫衣，少女气息十足。那时我以为她是我的同龄人。后来我才知道，她已经是一个五岁孩子的妈妈了。每当我羡慕地说"哇，你的脸好小！"时，她总是捏捏自己的脸说："哪有，你看还有好多肉。"但我知道，表演系出身的她，为了避免咬肌变大，从来不吃口香糖，不吃坚硬的食物，每周固定去三次健身房，每天按时喝酸奶。

对待自己近乎严苛的要求，让她在其他方面也收获颇丰。老公待她一直宛如恋爱时一般，体贴浪漫，儿子也十分乖巧懂事。在公司里，她用得体舒适的言行，得到了几乎所有人的喜欢，她还把对自己的这份严苛带到了工作中，每件事情都尽量做到最好。自律让她越活越

　　● ● 蜕变的过程当然不会很轻松，但是咬牙坚持下来，
　　你会惊讶于自己的潜力，惊讶于凭借自己的努力而
　　获得的那份生活的精致。

顺利，越来越年轻。长期阅读的习惯，也让她谈吐风雅，令人敬佩。

有时候我会嫉妒她这样的人，觉得上天格外眷顾她，把所有美好的事物都毫不吝啬地赐予她一个人。但是我又清楚地知道，她得到的一切，都是凭借她自身的努力，凭借和自己死磕的劲儿，一点一点得到的。即便把她拥有的这些东西全盘交给我，恐怕我也难以驾驭，只会搞砸，因为我还不具备像她那种程度的自律。

高级优质的生活，来源于一个人内心的自律，以及对生活本身莫大的热爱。越努力的人，就越有可能得到那种令人嫉妒的幸运。

事在人为，控制住自己不切实际的冲动，控制住自己的拖拖拉拉，控制自己的饮食和锻炼，控制住自己的负面情绪，你的人生也可以开挂。

境界：
不断回首，不断攀登

　　《高效能人士的七个习惯》一书中写道："不自律的人就是情欲、欲望和感情的奴隶。"但我们并不是一生下来就懂得自律的。从小学开始，养成早睡早起的习惯，养成按时完成作业的习惯，养成先学后玩的习惯，对于整个人生来说，都是受益匪浅的。如果在童年和少年没有养成这样的习惯，或者是在大学时期放弃了这些良好习惯，就需要重新去培养。

　　我们每隔一段时间，就应该对上一段时间里的收获和损失有一个宏观的认知，以便在下一阶段继续改进。如果需要养成新的习惯，那么有一项不得不提的品质，也是成功人士必备的品质：及时反馈。在学生时期，懂得向老师提问，懂得向家长倾诉的孩子，总是显得更为优秀；在职场中，懂得向领导汇报，懂得与同事沟通的员工，总是更容易得到晋升。背后的原因只有一个：他们懂得回顾与反馈。

我有一个朋友，她有一个习惯非常值得借鉴。每个周末，她都会画一个表格来总结一周的事项进展以及自己的收获。她的床头放了一叠表格，全部都是她对于自己做过的事情的回顾。周末休息，大家都想放松一下出去逛逛街，把工作的事情搁在一边。可是她却乐在其中，不以为苦。时间长了，别人和她的差距越来越明显。她的工作越来越井井有条，遇到的问题越来越少，几乎不会犯同一个错误，避免在同一个坎儿上耽搁时间，这些都得益于她周末留给自己的那段专属于回顾的时间。

一段经历，一段光阴，总该给你留下一些东西，让你有所感悟，才不算是白白度过。获取技能，增进个人素养，都离不开对前一阶段的回顾。就好像学习的时候，需要按时复习。在职场上，我们更有必要不断回首，才有可能超越旧的自我，焕发出新的生机，迎来新的机遇。

当下的麻烦，都是在为明天更优秀的自己铺路。

回顾这个习惯看起来很细微，但是很有用。回顾其实可以划分成两个部分，一是监测，二是反馈。无论这个反馈是给别人的还是给自己的，都能极大地提升效率，让你对目前的处境看得更清楚。甚至可以说，一个不自律的人，最大的问题就是不懂得监测和反馈，他们不知道自己的问题出在哪儿，对自己的现状没有清晰的认知。

体操世界冠军刘璇曾经参加过一个综艺节目，节目中曝光她每天多次测量体重，近乎强迫症。正是因为对于自己体重和身材的严苛要求，才成就了她的世界冠军之梦。倘若她不及时检测自己的体重，根据数字做出饮食运动方面的调整，可能她就会和寻常人一样，面临忽胖忽瘦的问题。前一段时间，我的女神朋友在微信群里说："我看到那些四五十岁身材走形的女人就觉得好恐怖，我一定不要成为那样的女人。"她每次见我的第一句话，总是离不开体重的变化。而她也如她期待的那样，一直把身材保持在纤瘦的状态。

我有一个作者朋友，他博览群书，又爱好藏书，许多收入都花在买书上，他在我们这个小圈子里以爱书著称。他有一个习惯，就是每隔一段时间总结回顾自己读了什么书，收获了什么思想，以及自己对书的简短评价。他在我看来是读书的专家，每次不知道读什么书的时候，就去他的回顾里挑上几本。受他影响，我现在也养成了这样的习惯，每个月按时总结自己本月的阅读情况以及所感所想。这个习惯为我带来了很多志同道合的朋友，也帮助了一些刚开始喜欢读书却不知道从何读起的小伙伴。

在这样的回顾过程中，我才明白自己的贾乏与浅薄不足。世界上有读不尽的好书，等着我去发掘品味。其实不仅是读书，很多事情都是这样，你不去反思，不去回顾，不给反馈，就很难意识到自己在某一阶段的得失，很难评估自己的真实水准，因而流于浅薄，无法深入。**身在其中，当局者迷，只有跳出来旁观，才能清楚地意识到问题出在哪里。**

如果你是一个效率低下的人，你很可能处在一个既焦虑又手足无措的状态，不知道从何做起。其实有一个很简单的方法，就是花上一个月的时间，记录自己的时间都花在哪儿了。每一个小时都做了什么具体的事情，每件事最后是不是无疾而终。这样的记录在初期看起来很麻烦，但是一个月之后你会发现自己对生活的掌控力得到了极大的提升。不记录的时候，你看起来很忙，但事实上很多时间都花在了不必要的地方。当你去记录时，你会感慨自己怎么那么会浪费时间，怎么会有那么多时间是耗费在刷微博、浏览网页上，你会很快意识到自己效率低下的根本原因在哪里。

知道时间浪费在哪里，就可以进行下一步的计划，减少不必要的时间消耗，把精力集中在具体的某个时间段，安排好任务量，一切都会出现喜人的进展。如果你想要考研，就必须提前做好阶段的规划，然后在每一个预期的时间节点审视自己的进度，并且依据进度调整自己的计划和节奏；如果你想长途旅行，也需要在旅行结束之后静下心来写写游记，方便自己下次更加充分地准备出行，也可以帮到别人；如果你想要升职，就得先了解你需要哪些必备技能，按时做工作总结，了解自己技能增长的情况，预估自己还需要多长时间才可以达到晋升的水准。

回首过去是为了更好的将来。自律的人能够掌控自己的学习、工作和生活，也因此能够掌控自己的一生。

在自己能力范围内，尽可能爬到更高的地方，达到"不畏浮云遮望眼，自缘身在最高层"的境界。我们来人间一趟，不能白来一场，一定要尽力一搏，看看凭借自己的能力，能看到多少山水风景，领略多少跌宕起伏，经历多少挫折历练，尝到多少百味人生。

气质：
在照料皮囊的同时，
不停止思考和工作

　　台湾著名作家林清玄说："人生如果是一栋三层楼宇，一楼是身体与欲望的，二楼是文化与思想的，三楼是灵性与美感的。"只注重皮囊外表的美好，显然是不够的。我们还应该关注，如何使自己的内在匹配自己美好的外表。有些当红小鲜肉小鲜花们，之所以会被诟病，并不是因为他们的颜值不够，而是因为他们的演技和唱功，远远未达到"演员"和"歌手"的标准。

　　如今大红大紫的彭于晏，则成功地实现了从小鲜肉到实力派演员的转变。他最初走到大多内地观众的视线中，是因为青涩稚嫩的唐钰小宝这个角色。但他并没有把自己的发展空间局限在小鲜肉的标签上，而是主动挑战各种不同类型、不同性格的角色，努力健身，转型硬汉形象。如今他已成长为在《湄公河行动》中能和张涵予飚对手戏而不落下风的青年演员了。

《湄公河行动》是他演艺生涯的第三十部电影，一个非科班出身的稚嫩少年，成长为现在的样子，其中经历了多少辛苦，难以想象。《翻滚吧！阿信》是彭于晏职业生涯的分水岭，从这部电影开始，爱情片的定位离他越来越远，实力派的定位越来越清晰。"明明可以靠颜值，却偏偏要靠才华"成为他的真实写照，和某些"明明可以靠颜值，就真的靠颜值"的小鲜肉相比，他可谓是一股清流。

他在采访中曾经说道："别人问我为什么这么拼，我说如果你和我那时一样，什么都没有，只有一个机会，一部戏，一个角色，为什么不拼？当时为了这个角色，我苦练体操，从'小鲜肉'变成了'硬汉'，也获得了业内的认可。所以，人都是这样，当你有很多东西的时候，你会很放松。但一无所有的时候，就要问问自己到底要什么，所以现在我每拍一部戏，都会花长一点的时间去准备。"

拍《翻滚吧！阿信》的时候，他苦练体操；拍《黄飞鸿之英雄有梦》的时候，他苦练南拳。美国著名刊物《综艺报》曾经称赞他："运动型演员彭于晏兼具智慧与外形，将有机会成为华语电影产业中输出的最优质资源之一。"小鲜肉只会昙花一现，红一段时间；而实力派演员，则可以凭借自己的演技和敬业，在影视界占据一席之地。颜值是敲门砖，实力是铁饭碗。

曾经我的朋友说过一句话："其实长得漂亮不一定就是福气，这意味着这个人在成长的过程中会收到远超过普通人的诱惑和选择。一旦没有成熟的心智、智慧的头脑，就很容易走上岔路，人生停滞不前。"学生时期，长相漂亮的女孩子容易被追求，如果意志不坚定发生早恋，很可能学业被耽搁，后半生都会因此发生变化。年轻的姑娘们，很容易被一些心怀不轨的上司或者中年男子盯上，一旦经受不住名和利的诱惑，就很容易走向钱色交易的黑洞。

把注重皮囊的心思，分一些在提升自我的思想境界和个人修养上，有百利而无一害。独立的思想，深厚的修养，才能使你驾驭自己的美貌。只盯着镜子和化妆品，在年轻的时候或许会让你看上去赏心悦目，受到很多人照顾。但是长远来看，并非好事。我们该有一技之长，足以让我们凭借这一技之长顶天立地活着。**皮囊的美好固然重要，却也需要一个充沛的灵魂来与之相配。**

以前认识一个小姑娘，上班时总喜欢带着各种各样的化妆品，放在自己的桌子上。上班期间，不是在和同事讨论某款化妆品，就是在对着镜子涂来抹去。日复一日，她的工作质量越来越差。在旁人看来，她上班就像逛街一样随意，不专业也就算了，最起码的敬业都没有。最终领导对她的包容走到了尽头，忍无可忍辞退了她。

直到那时，她才意识到自己的工作状态出了问题，但是悔之晚矣。她请求领导再给她一次机会，但是遭到了拒绝。爱美是女人的天性，这没错，但是因为爱美严重影响自己的本职工作，引起同事和领导的意见，就是大错特错了。自律的人，知道在什么时间应该做什么事情，知道什么只是加分项，什么才是安身立命的根本。舍本逐末，买椟还珠，是最不划算的事情。

● ● 自律的人，能够抵挡那些本能的欲望，让自己在工作和生活
中都能拥有更高质量的享受。

　　这世界好看的皮囊太多，有趣的灵魂太少。曾经的恩师留给我一句话："野蛮其体魄，文明其精神。"在他看来，健康的身体和富足的精神，是我们这一生要努力去追寻的。在工作中体现出的职业性和与人交流沟通时增长的见识，都是化妆品学不来的。气质来源于见识和思想，这些都必须从内部出发、建立和寻找。你贴一百张面膜，都不如克服一件焦头烂额的事更能增长见识。起起伏伏，历经风浪，才能拥有从容不迫的气质。

　　即便是容颜无可挑剔的美人林青霞，都有长期阅读的习惯。她曾创造过许许多多经典的荧幕角色，在人生的道路上历经波折，后来适时选择回归家庭，退出大荧幕。息影之后，她并没有停止学习和思考，而是换了另一种身份工作。2011 年，林青霞出版了自己第一本书《窗里窗外》，以作家身份复出。2014 年，她出版了第二本书《云去云来》。当她参加湖南卫视《偶像来了》时，通身的气场和风度，让人惊呼羡慕。

　　前段时间看到一句话说："做一个自律的人，才能通过有效地自我管理，理清生活中的枝枝蔓蔓，让生活井然有序又自在轻盈，活成自己喜欢的样子。"我深以为然。

你不仅仅要拥有一张自己喜欢的脸，还需要凭借自律的品质，让自己的工作和生活井然有序，分清主次，让自己活得也漂漂亮亮。皮囊归根结底只是表面的东西，有固然好，但绝不该因为皮囊误了深层次的东西。正是不断的工作和思考，赋予了一个人超脱于皱纹之外的气质，使他的生命因此有了不一样的光辉。

自由：
你有多自律，
就有多自由

　　窝在沙发里吃零食，追英韩美日国产剧，熬夜刷微博，把任务拖延到最后一天才开始着手做，任意妄为，饮食无节制，想一出是一出……这些都不是真正的自由，而是流于表面的短暂享受。在狂欢过后，迎接你的将会是凌乱的房间，虚度的年华，黑眼圈和受伤的内脏，低质量的工作成果，以及臃肿的身体。

　　你会觉得作息越来越混乱，身体越来越不听命令，工作越来越不如意，整个人从精神上垮掉了。每个人都有惰性，都有七情六欲。但是自律的人，能够抵挡那些本能的欲望，让自己在工作和生活中都能拥有更高质量的享受。

快乐分为两种。一种是暂时的，这种快乐很容易就能得到，只要你满足了自己那些原始而初级的本能欲望；你在做这种事情时，会觉得很放松，但是这样短暂的快乐没办法在未来对你有所帮助。还有一种是长期的，在每一个当下，需要付出，需要累积，见效慢，需要很长的周期才能呈现出效果；但是一经获得，在你接下来的人生中都会受益无穷。例如学习一门外语，培养一样特长，学习一件乐器。

我有一个朋友，不是非常聪明，但却非常踏实努力。她曾经在一个暑假减掉了三十斤体重，在所有人都觉得她考不上大学的状况下考到了本省很有名的一所高校。她的专业不好找工作，所以在校期间，她就主动寻找机会参与一些实习，在国际会展中寻求做志愿者的机会，最终找到了一份不错的工作。毕业之后，她想要学习古筝，有人说已经晚了，要学应该小时候学。但她偏不，只是固执地练下去，现在已经弹得非常棒了。与其相对的，她的舍友，大学睡了四年，逃课无数，毕业找不到工作。在一家培训机构做客服，工资低到难以糊口。

　　懒惰和放纵会吞噬一个人的斗志，使他被困在生活琐碎而短暂的享受中，无法自拔。长此以往，会拖垮一个人，使他不再具备更多的人生选择。因为他整个人的自控力已经变废掉了，即便有所思考，也是空中楼阁，遥不可及。

　　自由并不是没有前提的，换句话说，世界上没有绝对的自由。那些不需要前提条件就能获得的短暂快乐，只能算是一种享受。自由不是指你想干什么就干什么，而是你具备这样的实力："我想不干什么就不干什么。"自律能够达成这样的效果，让你从自身出发，提升自己各方面的实力，以至于有底气选择。

　　村上春树写道："人本性就不喜欢承受不必要的负担，因此人的身体总会很快就对运动负荷变得不习惯，而这是绝对不行的。写作也是一样，我每天都写作，这样我的思维就不至变得不习惯思考。于是我得以一步一步抬高文字的标杆，就像跑步能让肌肉越来越强壮。"

　　作为职业作家之后，村上春树非但没有过上每天睡到自然醒，胡吃海喝的生活；相反却严格自律，早晨五六点钟就起床写作，每天抽出一两个小时来跑步，和自己的惰性做斗争。我们每个人每天都有必须要完成的事项，一旦陷入拖延症，以后的日子会越来越难过。

我曾经有过一段暗无天日的日子，那时候还没有工作。为了赶稿子有状态，经常在夜深人静时开始写稿，白天睡觉，一两天吃一次饭，一次吃到撑。见不到朝阳是如何升起，见不到夕阳是如何落下。那种状态保持了一个月，我仿佛失去了和整个世界之间的连接。后来在一个深夜我幡然醒悟，人是不可能脱离约束而存在的。

我们需要长期规律的健身来保证自己的身体健康，需要长期规律的作息来保证自己在白天精力充沛，需要在各种日程表和事项清单中逼迫自己克服惰性完成任务。这样才不至于拖累整个团队的进度，不至于让自己丧失对生活的掌控。

即便是自由职业，或者是自己创业，都不可避免地需要为自己设定一些规章制度。据我所知，一些自己开语言培训班的朋友，看似轻松自在没人管，事实上他们比有人管痛苦多了。每天一大早逼着自己醒来备课，备好课去买菜煮饭，到中午的时候要管孩子们的饭。午饭过后就需要及时清理打扫，还没来得及歇一会儿，就要正式讲课了。等到下课，已经是晚上九点了。

而自由职业者的公号运营者则更是如此。没有了固定来源的收入，每天就需要绞尽脑汁思考，什么样的题材能够引起转发，什么样的排版看起来舒服，怎么表述才能引起共鸣和打赏，怎么才能涨粉接广告养活自己，接到了广告又怕粉丝不接受取消关注。

在这样的工作状态下，自律就显得更为重要了。因为没有人替你承担风险，没有人替你错误的决策买单，你的工资是自己发给自己的，所以每一天都需要有一个很好的状态来迎接各种接踵而来的挑战和机遇。**规划好自己的时间，安排好必做事项，才会收获更多经济和精神上的支持。**

那时候你就会越来越笃信，自律不是一种束缚，而是一场 hard 模式的游戏。游戏的过程虽然艰难，但是胜利之后的成就感，也是普通模式难以企及的。自律是把制订游戏规则的权利留给了自己，而懒惰则是把制订规则的权利留给了别人。你不对自己狠，别人就会对你狠。

所谓自由，不是随心所欲，而是自我主宰。随心所欲使人陷入泥淖，斗志全无。这种快乐太容易得到，这样的需求太容易被满足，即便被满足，你很快就会觉得无聊和厌倦。**自律的人，能够主宰自己的生活，主宰自己的工作，掌控自己做事情的节奏，内心充实而坚定。**

康德说："自律使我们与众不同，自律令我们活得更高级。也正是自律，使我们获得更自由的人生。"要想通往自由的远方，自律应该是你生活中不可或缺的一项。

将自律有夆不紊地坚持下去,
你就会拥苇更好的生活方式。

巅峰：
努力的人，
总会相逢在更高处

托马斯·科里曾用 5 年时间研究 177 个富人的生活，发现其中有 76% 的富人坚持每天锻炼 30 分钟以上，更有一半的人每天至少在开始工作的 3 个小时前起床。早起和锻炼，好像是成功人士必备的素质。他们往往对于自己的工作和生活有着更高品质的要求，并能持之以恒地付出努力，不断突破自己能够到达的极限。

科比说过一句话："总有人要赢的，为什么不能是我呢？"在科比二十年的篮球职业生涯里，他打出了超越乔丹篮球职业生涯的总得分，他曾 15 次入选 NBA 最佳阵容，11 次入选第一阵容。他知道自己热爱的事情是什么，并且成功地到达了职业的巅峰。他不认为自己天赋异禀，而是把成功归结于"能看到洛杉矶凌晨四点的样子"。高强度的持续训练，自律的精神，胜不骄败不馁的气度，成就了一个传奇。

萧伯纳说过："自我控制是最强者的本能。"

自律是一种难以坚持却很容易被打破的品质，当你确定了自己的目标和计划时，总会有种种干扰横道阻拦。想要减肥时，就恰好会出现各种各样不得不参加的聚会；想要工作时，就恰好有人约你出去喝咖啡；想要旅行时，就恰好身体不舒服；想要早起早睡，就突然被安排加班熬夜。

但是，因为难你就不去做了吗？当然不是。坚持下来，哪怕中间曾经被阻断一两天，你随时都可以重新开始。万事开头难，努力的结果会告诉你，计划实行初期的种种不顺利，都是在还自己当初没有努力欠下的债。出来混，总是要还的。当一两周之后，或者一两个月之后，一切步入正轨，走向常态化，就会有条不紊地进展下去，带给你更好的生活方式。

●　● 人生的巅峰在哪里，此时此刻我们无法知晓，但我们的
　　一举一动，都在影响着自己最终能到达的高度。

　　前一段时间朋友圈里刷屏的《我是范雨素》一文，作者范雨素是一名 44 岁的家政女工。初中毕业的她笔耕不辍，写作数十万字。终于，她发表的一篇七千字讲述她人生经历的文章，走红网络，不到二十四小时就达到了十万加的阅读量。**努力的人，从来不会因为觉得难就不去做了，他们只会向高处攀登。所以当他们有所成就时，不必羡慕，那是他们应得的。**

　　自律就像一坛深埋在地底的酒，一时显现不出它的醇香。但是酒香不怕巷子深，历经岁月的沉淀、人生的磨砺、工作的累积、生活的历练，自律的人，会越来越具有独特的气质；而放纵随意的人，会在那些历练中，被消磨殆尽所有斗志，越来越颓丧，甘于平庸，把自己局限在井底，不肯观天。

　　在这个浮躁的年代，碎片化的信息，碎片化的知识，将我们裹挟着前行。充斥在生活里的那些眼花缭乱的娱乐八卦，篡夺走我们的注意力。很多人早已经忘记好好看一本书，好好记半个小时单词，专心学习一两个小时，全心投入专注于工作是什么感觉了。越是如此，才越显得自律的可贵。即时的享受太过容易，但自律的束缚，却能给你长久的益处。

小聪明的人，稍有成就，就会洋洋自得，在万丈高楼的第一层就停下了；而大智慧的人，往往能够发现自己在初期有什么不足，不断监控自己，反馈状态，从而使下一步走得更稳，犯错的次数更少。**人往高处走，走向山顶的道路有无数条，但是每一条路上的指向牌，都标着自律。没有随随便便的成功，只有百折不挠的尝试。**

我有一个朋友，她非常聪明，毕业之后不到半年就做到了主管的位置，但是她没有坚持下去，只是说没有时间做自己喜欢的事情，坚决要辞职。辞职之后，她并没有过上自己理想中的生活，也没有去做自己喜欢的事情，只是每天宅在家里看剧，这让她的生活越来越空虚。后来，她被逼无奈找了一个小公司，做了行政，日子过得还不如从前。

自由人人都向往，但自由的前提是有所约束。一个人一旦失去了约束，就只剩下本能的享受与堕落了。自由不是放纵，更不是任由自己任性妄为。我们都是在滚滚红尘里负重前行，都会受委屈，都会有不甘愿的时刻，也都会犯懒想放弃。但是，我们都应该抹掉眼泪，像什么都没发生过一样，继续往前走。

自律的人会带领自己走到更高的位置。他们不管身处什么位置，在人群中都是引人注目的。他们的气质，他们的自信，都会成为推进他们成功的助力。和他们合作，会感觉非常踏实和放心。而且他们身上的那些习惯，总能给身边的人带来正能量。为了让我自己也成为令人瞩目的人，我想要培养一些好习惯，比如早起。

为了逼迫自己早起，我从四月初开始，组织了一个六点读书的社群。每天五点起床准备，六点开始，每天在群里推荐一本书。群里都是一些优秀的作者，为了达到他们预期的效果，我准备的内容必须是干货。为此我需要查询很多资料，包括时代背景、作者生平、书籍本身的介绍，还有一些大家都不曾注意到的小常识。

想要避免第二天无书可推，或者推品味太低的口水书，就必须每天晚上睡觉前安排出一段纯净无打扰的阅读时间。为了第二天六点能够准时分享书籍，所以前一天晚上必须按时睡觉。即便有时候会因为赶稿子稍微晚睡，但也因为这个读书会，而对熬夜有了节制。不再仗着自己年轻而晚睡。我知道自己有惰性，所以创造一个环境，一件必做的任务，来逼迫自己克服惰性。

我也清楚自己码字时方圆十米只要有一张床，我就十有八九会去睡觉，所以我每次都会去最近的咖啡馆，抱着笔记本去码字，或者带上笔和本子去图书馆。基于对自己惰性的了解，我想出了许多逼迫自己的狠招。正是因为有这些种种举措，才让我认识了更多优秀的作者，他们在我的群里分享各种各样有用的信息，这些信息以我现在的层次，原本是接触不到的。但我着手去做读书分享，着手给自己定下日更的目标，吸引到了这些优秀的人。

从我自身组建读书群的这个小经历中，我愈发笃信，努力就会有所收获。努力的人，连老天爷都忍不住想要帮助他。人生的巅峰在哪里，此时此刻我们无法知晓，但我们的一举一动，都在影响着自己最终能到达的高度。

● ● 自律的人，会为自己的未来勾画蓝图。

未来：
勇猛精进，活到淋漓

1908 年，心理学家罗伯特·M·耶基斯（Robert M. Yerkes）和约翰·D·多德森（John D. Dodson）提出了舒适区这一概念，并称一定的舒适感能让人表现平稳。但人们仍然需要一定程度的焦虑，这种焦虑被称为"最佳焦虑"，它虽然在舒适区之外，却能够让你表现得更好。

我们都知道怎样待着最舒服，但我们也都学过，生于忧患，死于安乐。待在自己的舒适区里，固然一时爽，但长远来看，并不明智。古人常说玩物丧志，说的就是这个道理。

　　鲶鱼效应中提到，为了保持沙丁鱼到岸后依然鲜活，船夫会在装沙丁鱼的水槽中放入一条鲶鱼。鲶鱼在水中窜来窜去，沙丁鱼不得不为闪避它而改变其一贯的惰性，不停游动，以求保命，最终得以在到岸时保持鲜活。处在舒适区的人，就好像在水槽中的沙丁鱼一样，一旦没有外敌入侵，就很容易因缺氧窒息而死。而自律就像被船夫放进水槽的鲶鱼一样，给人焦虑感，促使人动起来，从而得以更好地存活。

　　一个人必须不断接触新的事物，突破旧的自我，才能够不被残酷的社会淘汰。尤其是在这个高速发展的世界，铁饭碗几乎已经不存在了。没有谁能凭借单一的技能和停滞不前的职业素养就能苟活一生，我们都必须在这个弱肉强食的时代里拼尽全力。**真正的铁饭碗，是走到哪里都能活下去的能力。**

　　固步自封，因循守旧，已经不仅仅是缺点了，更像是一种缺陷。我们无法阻拦这个快速发展的世界，只能改变我们自己，加速提升。很多人都会抱怨这是一个碎片化的时代，我们的时间不再是整段整段的，太多纷杂的事物填充进我们的生活。但是，这样的抱怨没有什么用，我们唯一可以做的，只有接受它碎片化的事实，然后思考在这样的时代里如何汲取养分，提升自己。

马斯洛的需求层次理论说，一个人到达一定高度，其努力工作的目的就不再仅仅是为了物质，而更多的是为了自我价值的实现。当今社会，温饱已经不再是问题，任何好手好脚的人，都很难被饿死。如果仅仅满足于当下的舒适，不去谋求更多的发展和突破，你的层次很容易就会被界定死，难以更改。

我们都必须对自己的未来负责。想象一下，十年后的你站在现在的你面前，会对你说些什么？是夸赞你的辛苦付出、自爱自律，还是抱怨你的了无寸进、安于现状。你现在走的每一步，都会成就未来的你。年轻时不折腾，难道要把苦头留给未来身体机能和精力都逐年下降的中老年吗？

远离那些假的舒适区，温水煮青蛙的感觉只会让你死得更惨。就像我的一个朋友，在一个小的创业公司舍时间是最好的裁判，它会给每一个人打出公平的分数。

不得离开，每天只是做着整理文件之类的工作，把大学的专业全部荒废了。等到想要换工作的时候，发现自己什么技能都没有，于是又贷款几万块去报了培训班学编程，去和那些刚毕业的大学生竞争。要是她早早意识到当下的工作并非长久之计，为自己的未来早做打算，也不至于沦落到如今的境地。

我自己从第一家公司离职的时候，是清楚地意识到，在这个环境学不到什么有用的东西了。我从事的工作，任何一个四肢健全的人都可以做到，唯一需要做的就只是耗时间、耗青春，等到熬出资历熬出经验，等着升职。一旦离开那里，纵观整个行业，我哪儿都去不了，这个班只会把人废掉，还不如不上。工作性质需要长期熬夜，健康状况也会被拖垮，而且高层的婚姻普遍不幸，因为工作太繁忙照顾不到家庭。想明白了这些，我果断提出了离开。

我们总要在现实的战场里多拼几次命，才能够认清自己，认清工作和生活的本质，认清生命的意义。有一句话说，努力到无能为力，拼搏到感动自己，我是认可的。就像在健身时，你要找到自己的每一个极限，然后

克服它。你才知道，你最远能够走到多远。

自律的人，会为自己的未来勾画蓝图。鲁道夫曾经说过："当我们处在二十几岁的时候，受过一定的教育、有过一定的生活经验之后，就会遇到自我意识的觉醒，开始寻找人生的意义。"我们所处的社会，家人亲戚，长辈朋友，都会告诉你，你应该去当公务员，应当去从事教师的职业，究其原因，是因为这两个职业"稳定"。

我们都清楚，年轻时的"稳定"意味着什么。不排除有些人的理想就是从政，就是成为一名人民教师，但是数以万计的年轻人，全部都挤着独木桥，去追逐这两种职业有限的岗位，这是一种病态的体现。**每个人的未来，都应该掌握在自己手里，不该被周围的舆论左右。**

很多人都想快点稳定下来结婚生孩子，然后逼着孩子替自己实现未完成的梦想，然而自己却几十年浑浑噩噩地待在一个完全不喜欢的岗位上混日子。我想趁年轻，多见识见识这个世界，努力接触新鲜的事物，背水一战、拼尽全力，看一看凭借自己的力量能够走多远。我不求稳定，只求心安，我不愿意看见一个年纪轻轻就老去了的自己。

我看到过一句话，说成年人分为两种，一种是成熟的人，一种是老去的人。我身边不乏这样的案例，二十出头，就像老年人一样懒得动弹，经不起折腾了。成熟的人，有勇气面对一切风浪，敢于折腾，能放胆去追求自己理想的事业和爱情。他们自律而清醒，知道沉溺于舒适区的后果，因而勇猛精进，将生命活得淋漓尽致。

无论生活给予我们的是光明还是黑暗，但愿我们都能够勇猛前行，去奔向我们希望的未来。

愿你迎接更自由的人生

图书在版编目（CIP）数据

自律力 / 小野著. -- 北京：北京联合出版公司，2017.7（2020.1重印）

ISBN 978-7-5596-0645-7

Ⅰ.①自… Ⅱ.①小… Ⅲ.①自律－通俗读物 Ⅳ.①C933.41-49

中国版本图书馆CIP数据核字(2017)第141306号

自律力

作　　者　小　野
责任编辑　李艳芬　徐秀琴
项目策划　紫图图书 **ZITO**®
监　　制　黄　利　万　夏
特约编辑　路思维　刘睿婕
营销支持　曹莉丽
内文插图　刘勤毅　西　瓜　虎　克　李桑菊　Galene
装帧设计　紫图装帧

北京联合出版公司出版
（北京市西城区德外大街 83 号楼 9 层　100088）
北京瑞禾彩色印刷有限公司印刷　新华书店经销
字数 100 千字　880 毫米 × 1230 毫米　1/32　6 印张
2017 年 7 月第 1 版　2020 年 1 月第 18 次印刷
ISBN 978-7-5596-0645-7
定价：42.00 元